MF0259_2: Ofertas gastronómicas sencillas y sistemas de aprovisionamiento

Elaborado por:

Equipo Editorial

EDITORIAL ELEARNING S.L.

ISBN: 978-84-16102-20-4 • Depósito legal: MA 169-2014

Impreso en España - Printed in Spain

Presentación

Identificación de la unidad formativa:

Bienvenido al Módulo Formativo 0259_2: Ofertas gastronómicas sencillas y sistemas de aprovisionamiento. Este Módulo Formativo pertenece al Certificado de Profesionalidad HOTR0408: Cocina, de la familia profesional de Hostelería y Turismo.

Presentación de los contenidos:

La finalidad de este módulo formativo es enseñar al alumno a definir ofertas gastronómicas sencillas, realizar el aprovisionamiento y controlar consumos. Para ello, se realizará una primera distinción entre las diferentes fórmulas de restauración existentes, para después definir y detallar las funciones del departamento de cocina, explicar el concepto de restauración diferida e identificar las distintas ofertas gastronómicas. Además, en el módulo formativo se tratarán otros aspectos como la gestión y el control de calidad en restauración, el aprovisionamiento externo e interno de géneros, la recepción y almacenamiento de provisiones y el control de consumos y costes.

Objetivos del módulo formativo:

Al finalizar este módulo formativo aprenderás a:

- Analizar el sector de la restauración considerando sus relaciones con otras empresas o áreas.
- Analizar y definir ofertas gastronómicas tipo menús, cartas u otras ofertas significativas, estimando sus diferencias.

- Definir características de los alimentos y bebidas teniendo en cuenta ofertas gastronómicas determinadas y el nivel de calidad de los productos.
- Calcular las necesidades de aprovisionamiento externo e interno de géneros asociados a ofertas gastronómicas determinadas, redactando las órdenes de petición.
- Desarrollar el proceso de aprovisionamiento interno de géneros y elaboraciones básicas de múltiples aplicaciones de acuerdo con las ofertas gastronómicas o planes de trabajo determinados, referidos a hortalizas, legumbres secas, pastas, arroces y huevos.
- Efectuar la recepción de alimentos y bebidas para su posterior almacenaje y distribución.
- Analizar sistemas de almacenamiento de alimentos y bebidas y ejecutar las operaciones inherentes de acuerdo con los sistemas seleccionados.
- Calcular costes de materias primas para estimar posibles precios de las ofertas gastronómicas asociadas.

índice

MF0259_2: Ofertas gastronómicas sencillas y sistemas de aprovisionamiento

UD5. Nutrición y Dietética

UD6. Gestión y control de calidad en restauración

UD7. Aprovisionamiento externo de géneros

UD8. Aprovisionamietno interno de géneros y productos

UD9. Recepción y almacenamiento de provisiones

UD10. Control de consumo y costes

UD1

Las empresas de restauración

1.1. Tipos de establecimientos y fórmulas de restauración
1.2. Estructura organizativa y funcional
1.3. Aspectos económicos

hostelería y turismo

1.1. Tipos de establecimientos y fórmulas de restauración

La restauración: engloba a todos los establecimientos que ponen a disposición distintos servicios de alimentación y bebidas con independencia de que sean viajeros nacionales, extranjeros o residentes.

Como clasificación principal de establecimientos de hostelería, podemos estructurarlo en diferentes tipos, como son: los Hoteles, los Restaurantes y las Cafeterías, y se clasifican por teorías.

Hoteles	Los hoteles ofertarán servicios de comida a sus clientes alojados en una oferta de libre composición, debiendo someterse al régimen general de declaración y publicidad de precios.
Restaurantes	Los restaurantes con independencia de su categoría, elaborarán una carta de platos y de bebidas. En ella, deberán disponer del menú de la casa y su precio, incluyendo el postre, pan y vino, además de un primer o segundo plato a elegir entre varios.
Cafeterías	Las cafeterías, con independencia de su categoría, elaborarán una carta de platos y bebidas en la que deberá aparecer reflejado el plato combinando de la casa y su precio incluyendo postre, pan y vino.

En el ámbito de los hoteles, éstos pueden ofrecerse al público diferentes fórmulas de restauración. Las más significativas se muestran en el siguiente resumen:

- Comedor de clientes alojados, donde se les ofrecerán el desayuno en sus diversas modalidades, continental, americano, español, bufe y almuerzo y cena ambos con servicio en mesa o en la modalidad de bufé.
- Grill.
- Marisquería.
- Restaurante de cocina internacional.
- Restaurante gastronómico de especialidades, abierto al publico en general.
- Cafetería.
- Servicio de habitaciones o room-service.
- Nevera de habitaciones.
- Salones y servicio de banquetes.
- Sala de espectáculo donde se incluye la cena.
- Coctel-bar.
- Discoteca.

Además existe la restauración que se denomina extra-hotelera, más conocida internacionalmente como **food-service**.

Este sector comprende todas las formas de elaboración, venta y servicio de comidas dentro y fuera del establecimiento. Actualmente está muy difundido y en completa expansión.

Opera en dos factores:

El **sector comercial**, el cual incluye todos los establecimientos cuyo acceso a los mismos es libre para el público en general y no está sujeto a ningún tipo de prohibiciones exceptuando el derecho de admisión, cuando el cliente tiene un comportamiento no adecuado.

El **sector colectivo**, que comprende a un prototipo de cliente, el llamado, "cliente cautivo", es decir, al aquella persona a la que no se le permite salir de las instalaciones donde trabaja, vive o estudia, ya que dispone de poco tiempo para comer.

Las formas de restauración que se dan en este sector son diversas, y con el transcurso del tiempo, nacen nuevos establecimientos con diferentes fórmulas.

1.2. Estructura organizativa y funcional

Organización: se trata de una alternativa al mercado, puesto que supone la coordinación racional de las actividades.

Se caracterizan por:

- Ser instituciones sociales, debido a que están compuestas por individuos.
- El núcleo de las organizaciones se forma con un sistema de actividades que efectúan sus miembros y que sustituyen al mercado.
- Se crean como instituciones con pretensión de permanencia, por lo que se espera de ellas que duren tiempo.
- Persiguen determinados fines, por lo que, se establecen una serie de objetivos.
- Están tremendamente influenciadas por el entorno en que se desenvuelven.

En determinadas ocasiones, para **coordinar las organizaciones** se necesita el **principio de autoridad**, es decir, que se precisa de la existencia de una jerarquía.

Partes de la organización

Veamos cada una de las cuatro partes que componen una organización.

Núcleo operativo	Se trata del grupo de individuos que realiza el trabajo básico.
	No dan órdenes a nadie y carecen de autoridad debido a que por debajo no hay nadie que dependa de ellos.
Ápice estratégico	Se trata del conjunto de personas que constituyen la alta dirección.
	Efectúa la inspección general de todo el sistema.
Línea media	Grupo de personas formado por los mandos intermedios, el cual opera entre el núcleo operativo y el ápice estratégico.
Staff	Se trata del conjunto de individuos que ejecutan una serie de actividades que sirven de ayuda para la organización.

El entorno y su influencia en el diseño de la organización

El entorno puede ser general o específico.

Entorno General: es el conjunto de condiciones externas a la organización y por tanto ésta no puede controlar, que conciernen a la totalidad de las organizaciones y bastantes notables para las mismas. Afectan, en general, a todas las organizaciones.

Entorno Específico: Es el conjunto de condiciones exógenas que tendrán inmediata relevancia para la organización. Es un subconjunto del entorno general, el cual interviene en una organización concreta. Tales condiciones varían en función del sector económico al que se dedique cada organización.

Las **características** para determinar cualquier entorno son las siguientes:

Estabilidad	Hace referencia al grado de cambio que ocurre en ese entorno.
	Permite hablar de entorno estable, frente a entorno dinámico.
Complejidad	Se refiere al grado de diversidad de las actividades del entorno.
	Sitúa los entornos simples, frente a entornos complejos.
Diversidad	Se trata del número de clientes que posee cada organización y a la línea de productos por ella ofertados.
	Admite referirnos a un entorno poco diverso, frente a entorno muy diverso.
Hostilidad	Hace mención al carácter de la competencia.
	Permite distinguir entre un entorno poco hostil y un entorno hostil

La departamentalización: el diseño de unidades organizativas

El concepto de departamento nace de la necesidad que tiene la organización con que se especialice.

La especialización, al hilo de lo anterior, se lleva a cabo congregando las actividades en unidades organizativas más pequeñas, cuyo objetivo es facilitar la coordinación.

Por todo ello podemos afirmar que una organización puede especializarse en dos direcciones, refiriéndose a ellas como **diferenciación**, siendo éste el concepto que se utiliza en la rama de organización.

La organización puede especializarse en diferenciación horizontal y/o diferenciación vertical

Diferenciación horizontal: se origina cuando una organización considera necesario aumentar la calidad y la eficiencia del trabajo. Se lleva a cabo estableciendo más órganos especializados en su tarea al mismo nivel.

El principio que impera en esta diferenciación **es el de unidad de dirección**.

Diferenciación vertical: se lleva a cabo cuando las empresas consideran la necesidad de mejorar la supervisión. Básicamente consiste en crear diferentes niveles jerárquicos.

El principio que predomina aquí **es el de unidad de mando.**

La **departamentalización funcional** es uno de las razones de diferenciación horizontal, junto con la departamentalización por productos, por área geográfica o por clientes.

En hostelería en general es el que se usa, y en la restauración en particular.

La **Departamentalización funcional:** se trata de agrupar actividades y personas en departamentos homogéneos relacionados con un área funcional concreta.

Las **ventajas** que conllevan este tipo de departamentalización son:

- Organización que instintivamente todo el que la compone es capaz de entender, pues refleja las funciones básicas de una empresa.
- Facilita la formación a los empleados, puesto que incluso éstos obtienen formación fuera de la organización.
- Posee un estricto control en los niveles altos.
- Se considera una organización eficiente.

En el momento en que esta organización crece, esta departamentalización muestra una serie de **desventajas,** las cuales son:

- Disminuye la coordinación entre las funciones
- Los directivos de cada área funcional no responden sobre los beneficios, puesto que sólo es responsable de los mismos el director general
- Crea lealtad hacia la función por parte de los trabajadores y no hacia la organización
- Con motivo de la sobre especialización del personal clave, su sustitución se plantea como tarea dificil

El ámbito de control y su problemática.

Se trata del número de subordinados que deben estar a las órdenes de un superior.Esta problemática se plantea dentro de la diferenciación vertical.

Cuando se incrementa el ámbito de control se reduce la coordinación, por lo que hay que tenerlo en cuenta, al igual que hay que saber que un ámbito reducido ocasiona altos costes de supervisión, además de problemas de comunicación.

1.3. Aspectos económicos

Estudio de la demanda

Partiendo de la base de que los deseos de la clientela están en constante evolución, la oferta deberá adecuarse al si queremos conseguir beneficios y hacer rentables nuestro negocio.

Hay que realizar un estudio de mercado el cual marcará lo que el cliente desea consumir, para que la empresa de restauración pueda renovarse conforme a la evolución que perciban los gustos del cliente y aquello que le puede satisfacer.

Dicho análisis responderá a las siguientes cuestiones:

- Fechas y horarios de apertura.
- Localización geográfica de la empresa.
- Descripción de los métodos de venta y distribución.
- Perfil del cliente que requerirá nuestros servicios.
- Tipo de prestación que se ofrece al cliente.

Estudio de la oferta

Numerosos estudios han demostrado que un cliente insatisfecho informa de su desagrado a un mayor número de personas si lo comparamos con aquellas a las que el cliente satisfecho comunica su satisfacción, lo cual puede hacer reducir el buen nombre de cualquier empresa de restauración y hacer que pierda competitividad.

Cualquier producto-servicio que se ofrezca, debe proporcionar satisfacción al cliente y para conseguirlo, en la oferta de restauración deben considerarse una serie de componentes para que el producto cumpla la función de satisfacción.

Tales componentes son los siguientes:

Elementos Materiales	El elemento principal de este componente es la comida.
	Aunque no podemos excluir a los acompañamientos de salsas y guarniciones, ya que resaltan el valor del elemento principal.
Complementos del producto	Son todos los acompañamientos de las distintas comidas.
	Destacamos entre otros: el mobiliario, el servicio, la variedad de platos, su presentación, la adecuación y manejabilidad de la vajilla y cubertería, etc.

Extensión del producto	Aquellos factores que satisfacen con los aspectos anteriormente citados pero que son ajenos a las necesidades de comer.
	Destacamos entre otros: la adquisición de estatus, la informalidad etc.

Variedades de la oferta

Tomando como base el valor de la comida como elemento principal del producto de restauración, las **variedades en la oferta** son las distintas ofertas correlativas a cada servicio prestado, tales como carta, menús, buffet etc.

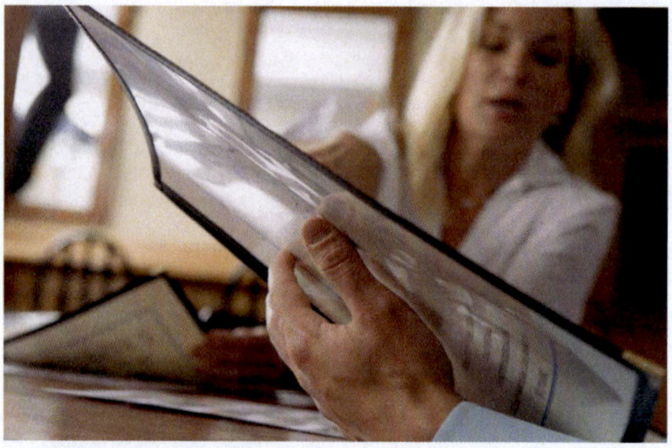

Importancia de la determinación de la oferta

Debido a su interacción con otras actividades operacionales, fijar el producto de restauración ofrecido posee una gran importancia. Dichas actividades son:

- La gestión financiera.
- El almacenamiento de materias primas.
- El sistema productivo.
- El equipamiento de trabajo necesario para poder elaborar los platos ofertados.
- El sistema de servicio empleado, que limitara los platos que puedan introducirse en el menú.
- Las compras, que vendrán determinadas en función de los platos que se ofrezcan.

Los costes

Los costes son la valoración y medida del consumo tanto previsto como realizado por la aplicación racional de los factores para la obtención de un trabajo, producto o servicio.

Hay diversas clasificaciones de costes, sin embargo las más significativas son:

TIPOS DE COSTES	
COSTES DIRECTOS	Son los vinculados a la actividad del proceso de transformación de los productos.
COSTES INDIRECTOS	Son los vinculados a: el tiempo, el periodo económico, etc.
COSTES ESTÁNDAR	Son los que se establecen de acuerdo a una norma ya determinada conforme a un plan.
COSTES HISTÓRICOS	Son los costes reales en los que se incurre en la realización del proceso productivo.
COSTES FIJOS	Son aquellos con independencia de las variaciones de la producción para un determinado periodo de tiempo, por lo que son constantes para ese periodo.
COSTES VARIABLES	Son los que varían dependiendo de: la producción realizada o el tiempo de transformación.
	En restauración, los costes variables lo componen la materia prima utilizada, mientras que los costes fijos vienen determinados por el coste del personal, las amortizaciones, etc.
COSTES TOTALES	Son la suma de los costes totales más los costes variables.
	Costes Totales = Costes Fijos + Costes Variables

Una buena gestión con un control eficaz de los costes repercutirá en dos aspectos principalmente:

El precio de la venta

El **Precio de la Venta:** es el precio que tiene que pagar el cliente para poder consumir el producto que se le ofrece.

El precio de venta se determinará en función de estos elementos:

- La competencia.
- La cantidad que el mercado está dispuesto a pagar por dicho producto o servicio.
- El coste del producto.

El punto muerto

Punto Muerto o umbral de rentabilidad: es el punto exacto de ventas en el que se cubren todos los costes fijos y variables, siendo el punto a partir del cual se empieza a producir beneficios.

Fórmula:

Punto muerto = costes fijos/ (precio de venta-costes variables)

UD1

lo máS importante...

- El término restauración engloba a todos los establecimientos que ponen a disposición distintos servicios de alimentación y bebidas con independencia de que sean viajeros nacionales, extranjeros o residentes.
- Dentro del ámbito de los hoteles, éstos pueden ofrecer al público diferentes formas de restauración, tales como: Comedor de clientes alojados, Restaurante gastronómico especializado, Restaurante de cocina internacional, Grill, Marisquería, Cafetería, Room-service, Discoteca, Coctel-bar, Sala de de espectáculo donde se incluye la cena, Salones de banquetes y Nevera de habitaciones.
- La Restauración extrahotelera o food-service, comprende todas las formas de elaboración, venta y servicio de comidas dentro y fuera del establecimiento.
- Una organización se puede estructurar en cuatro partes: Núcleo operativo, Ápice estratégico, Línea media y Staff.
- Las principales características para determinar un entorno pueden ser: complejidad, estabilidad, diversidad y hostilidad.
- Cualquier organización podrá especializarse, desde el punto de vista de la organización, en dos direcciones: diferenciación horizontal y diferenciación vertical.
- La diferenciación horizontal surge cuando una organización considera necesario aumentar la calidad y eficacia del trabajo, a diferencia de la diferenciación vertical, la cual surge cuando una empresa considera la necesidad de mejorar la supervisión.
- El ámbito de control es el número de subordinados que deben estar a las órdenes de un superior.
- Llamamos costes a la valoración y medida del consumo previsto o realizado por la aplicación racional de los factores para la obtención de un trabajo, producto o servicio.

- Los costes pueden ser: directos o indirectos, históricos o estándares y fijos o variables.

- El control de los costes contribuye al aumento de los beneficios así como a evitar las pérdidas.

- El precio de venta se define como el precio que tiene que pagar el cliente para poder consumir el producto que se le ofrece. Éste se determinará en función de: el coste del producto, la competencia y la cantidad que el mercado está dispuesto a pagar por dicho producto o servicio.

- El punto muerto o umbral de rentabilidad es el punto exacto de ventas en el que se cubren todos los costes fijos y variables, siendo el punto a partir del cual se empieza a producir beneficios.

UD1

autoEvaluación

1. El término Restauración se refiere al:

a) Servicio de alimentación.

b) Servicio de alimentación y bebidas.

c) Servicio de alimentación, tapas y bebidas.

d) Servicio de comidas y tapas.

2. ¿Con otro nombre se denomina a la restauración extra-hotelera?

a) Service-food.

b) Meals-food.

c) Food-service.

d) Meals-service.

3. Las partes de una organización son:

a) Núcleo operativo, ápice estratégico, línea media y staff.

b) Núcleo operativo, ápice medio, línea estratégica y staff.

c) Núcleo estratégico, ápice medio, línea operativa y staff.

d) Núcleo estratégico, ápice medio y línea operativa.

4. La diferenciación horizontal se produce cuando:

a) Una organización considera necesario mejorar la supervisión.
b) Una organización considera necesario aumentar la eficiencia y calidad del trabajo.
c) Una organización considera necesario aumentar la supervisión y la eficacia del trabajo.
d) Una organización considera necesario aumentar la supervisión y la creación de diferentes niveles jerárquicos.

5. Los principales tipos de costes son:

a) Costes directos, indirectos, estándares, históricos y fijos.
b) Costes indirectos, directos, históricos y estándares.
c) Costes indirectos, directos, históricos, estándares, variables y fijos.
d) Costes indirectos, directos, fijos y variables.

6. El principio que predomina en la diferenciación vertical es:

a) Principio de unidad funcional.
b) Principio de unidad de mando.
c) Principio de unidad de dirección.
d) Principio de unidad de competitividad.

7. La problemática del ámbito de control se plantea dentro de...:

a) La diferenciación horizontal.
b) Los costes variables.
c) La diferenciación vertical.
d) La competitividad.

8. Los costes fijos son...:

a) Aquellos que componen la materia prima utilizada.
b) Aquellos que componen el coste del personal, la materia prima utilizada, etc.
c) Aquellos que resultan dependientes de las variaciones de la producción para un determinado periodo de tiempo, por lo que son constantes.
d) Aquellos que resultan independientes de las variaciones de la producción para un determinado periodo de tiempo, resultando constantes.

9. ¿Con qué otro nombre se conoce el Punto Muerto?

a) Umbral de rentabilidad.
b) Umbral de seguridad.
c) Umbral igualdad.
d) Umbral positivo.

10. El precio de venta de un producto depende de factores tales como:

a) El coste del producto, el sistema productivo y la competencia.
b) El coste fijo, el variable, la competencia y la cantidad que el mercado está dispuesto a pagar por dicho producto.
c) El coste del producto, la cantidad que el mercado está dispuesto a pagar por dicho producto y la competencia.
d) El coste del producto, la cantidad que el mercado está dispuesto a pagar por dicho producto y las pérdidas.

hostelería y turismo

UD2

El departamento de cocina

2.1. Definición y modelos de organización
2.2. Estructura de locales y zonas de producción culinaria
2.3. Especificaciones en la restauración colectiva
2.4. El personal y sus distintas categorías profesionales
2.5. Competencias básicas de los profesionales que intervienen en el departamento
2.6. Elaboración de planes sencillos de producción culinaria

hostelería y turismo

2.1. Definición y modelos de organización

> En un establecimiento hostelero, la **cocina** es el conjunto de locales y áreas necesarios para transformar los alimentos y convertirlos en platos finales.

El departamento de cocina es bastante complejo debido a la diversidad de platos que en ella hay que elaborar.

Tenemos que tener en cuenta que se pueden usar diferentes zonas que componen la llamada área de cocina, dependiendo del tipo de establecimiento en el que estemos o de los menús a elaborar, las zonas pueden estar separados o no, realizándose en algunos casos, subdivisiones del trabajo entre todos los miembros que componen el personal de cocina.

Organización y Equipamiento de una cocina

La organización de una cocina presenta cuatro aspectos fundamentales que han de tenerse en cuenta en la medida de lo posible, éstos son:

- Buena coordinación tanto con el almacén (con el fin de conseguir una adecuada recepción de provisiones), como con el restaurante (para atender puntualmente las comandas).
- Disponer de una plantilla profesional y adecuada.

- Obtener una correcta normalización de los procesos a seguir, debiendo constar todos los datos necesarios referidos para la transformación de las materias primas.

- Estar suficientemente equipada, tanto en maquinaria como en utensilios y menaje para conseguir una labor lo más eficaz posible.

Es importante tener presente algunas normas indicativas sobre cómo determinar las necesidades reales del equipamiento y personal en la cocina y su consiguiente organización en el centro de trabajo.

Los requisitos que debe reunir una cocina son los siguientes:

- Posibilidad de ampliación: Planeando una futura proyección de futuro en caso de necesitarla.

- Amplitud: Las dimensiones de una cocina deben ir en concordancia con los servicios a ofertar.

- Temperatura adecuada: cuando en un local hay una temperatura inadecuada, se debe generalmente a una cocina que recibe calor directo del Sol, a parte de los focos de calor propios, como fogones, parrillas, freidoras, o al mal emplazamiento de la cocina, situada generalmente muy alejada del exterior.

- Claridad natural y luz artificial correcta y suficiente.

- Agua corriente: Dada la importancia que tiene es obligatorio tanto para limpiar como para cocinar.

- Suministro de agua y agua potable: Tanto el suministro de agua como el agua potable son fundamentales para una cocina por su diversidad de usos, desde la limpieza de utensilios, equipos y superficies como para el de los propios alimentos o siendo la base de algunos platos.

- Salida de gases: En caso de que el establecimiento no cuente con las suficientes salidas de gases de forma natural, ésta tendrá que disponer de instalaciones adicionales, siendo la más usual la campana extractora.

- Ventilación: la colocación de ventanas de salida situadas a la altura del ángulo que forman el techo con la pared, provoca la salida de gases calientes que tienden a acumularse en esa zona, mientras que la colocación de ventanas a bajo nivel, permitirán la entrada de aire frio en la cocina.

- Tratamiento de los desperdicios: Debe disponer de contenedores y cubos para la basura, siendo éstos limpiados y desinfectados de la mejor manera posible para así evitar infecciones o enfermedades. Con respecto a la evacuación y almacenamiento de desperdicios, cabe destacar que en establecimientos grandes suelen existir locales separados para el almacenamiento de estos residuos y estos locales deberán estar ventilados o incluso refrigerados, además de estar separados de las zonas de manipulación de alimentos.

- Materiales de construcción, productos de limpieza apropiados y líneas sencillas en el diseño de la cocina: Cuya finalidad es la de facilitar el trabajo a los empleados.

2.2. Estructura de locales y zonas de producción culinaria

La cocina es, dentro del establecimiento hostelero, el departamento que tiene como misión recibir, conservar, transformar y distribuir los alimentos.

Estructura de los locales

Los locales se estructuran dividiéndose en:

- **Suelos**

  Las superficies de los suelos deberán realizarse con materiales lisos, impermeables y fáciles de limpiar, siendo a su vez resistentes a la penetración de grasas o aceites, así como a productos químicos de limpieza. Todos deben ser colocados sobre un nivel recto y todas las juntas selladas al calor.

- **Paredes**

  Deberán ser lisas, fáciles de limpiar y encontrarse en buen estado. Lo recomendable son azulejos blancos o claros ya que favorecen la iluminación, con las esquinas protegidas por ángulos de acero y los bordes que estén expuestos, sellados con masilla.

- **Techos**

  Lo recomendable es que tengan terminaciones de yeso liso con dos capas de pintura de brillo de color claro. Deben ser fáciles de limpiar y encontrarse en buenas condiciones.

  En el supuesto en el que existiera un falso techo, éste deberá de ser construido resistente a las condiciones propiamente dichas de una cocina tales como el fuego, las grasas, el vapor o el calor, además de revisándolo cada cierto tiempo.

Zonas de producción culinaria

La organización de la cocina dependerá siempre de las partidas que la componen, siendo éstas las diferentes secciones que puede haber en la cocina y estando cada una de ellas especializada en la elaboración de algunos tipos de alimentos. Podemos hacer infinidad de divisiones en una cocina con el objetivo de separar materiales, el estado de preparación diferente o trabajos culinarios de distinta naturaleza.

Normalmente existen **dos grandes áreas** que deben estar separadas, para conseguir distintas temperaturas en una y en otra. Estas áreas pueden llegar a ser cuartos de cocina por sí mismas, o encerrar otras subdivisiones que albergarán distintos trabajos.

La mayoría de los establecimientos se estructuran como mínimo en tres cuartos en los cuales se moverán las distintas partidas que lo compongan, siendo susceptibles de ampliación en caso de ser necesario.

Por todo ello, podemos afirmar que los cuartos que componen la división mínima en un local de cocina son los siguientes:

Como su nombre indica, en el **cuarto caliente** se instalaran todas las máquinas que desprendan calor, manteniéndose aislado del cuarto frío con el fin de proteger de subidas indeseadas de temperaturas las mercancías y preparaciones que en éste se realicen.

Desglosando los conceptos de una forma más específica, podemos distinguir entre:

Cuarto Caliente: su misión principal es la de transformar mediante el calor los alimentos crudos. También conocido como "cocina principal".

Es el principal departamento de la cocina, suele tener el mayor número tanto de personal como de maquinaria (planchas, hornos, fogones, extractores de humo, etc.) ya que es la parte que más cantidad de trabajo afronta.

Deberá poseer elementos de extracción de vapores y humos, y estar en contacto con todos los departamentos de cocina, ya que su situación ideal es el centro de la cocina.

Cuarto Frío: su misión principal es conservar los alimentos perecederos, administrarlos, conservarlos y sacar de ellos su mayor provecho.

Es una de las divisiones más delicadas de la cocina puesto que debe estar situado al lado del cuarto caliente, permaneciendo aislado con mamparas acristaladas, evitando así que suban las temperaturas en su interior. En el supuesto de no conseguirlo, deberán instalarse elementos de frío inducido, para mantener la temperatura por debajo de los 16º C. Caben destacar otras funciones principales, tales como la de elaborar o finalizar ciertos platos, hacer guarniciones, salsas frías, etc.

Pastelería: su tarea principal es la de elaborar todos los postres calientes y fríos, de los helados y de la repostería para el té.

Es un departamento importante ya que sirve de apoyo a la cocina en determinados momentos, además de encargarse de una parte concreta de la carta. Necesita temperatura controlada, puesto que la parte caliente contará con hornos de pisos, amasadoras, fogones, mesas auxiliares, laminadoras y todos los utensilios propios de la pastelería mientras que la parte fría contara con cámaras frigoríficas, heladoras, sorbeteras, etc.

Dependencias Auxiliares

Además de la división anterior, en una cocina se pueden dar las siguientes dependencias auxiliares:

- Recepción de mercancias
- Plonge
- Cuarto de verduras
- Economato
- Fregadero de vajilla
- Vestuario
- Comedor de personal
- Despacho del jefe de cocina

- Recepción de mercancías.

  Es una zona habilitada para descargar las mercancías. Los proveedores deberán ir dotados de carretillas para facilitar el transporte del género así como de básculas para proceder al pesado del mismo.

- Despacho del jefe de cocina.

  Normalmente el jefe de cocina suele tener su propio despacho en el que se encargará de organizar otras tareas, tales como los pedidos a proveedores, presupuestos, horarios de sus empleados, etc. Para la existencia o no del despacho de jefe de cocina, debemos tener en cuenta la disponibilidad del espacio.

- Fregaderos de vajilla.

  También conocidos como office. Es el departamento encargado de fregar, secar y guardar todo el material del servicio de comidas.

- Vestuario.

  Se trata de la zona donde el personal se cambia la ropa específica de trabajo, pudiendo usarse tanto antes de comenzar como al finalizar la jornada laboral. Normalmente suelen estar dotados de taquillas individuales, duchas, aseos,... favoreciendo así la higiene y la comodidad de los empleados.

- Comedor de personal.

  Se trata de una zona habilitada para que el personal pueda realizar sus comidas correspondientes ya que no deben coincidir con el horario del servicio de comidas, teniendo que comer o antes o después de servirlas.

- Economato.

  También llamado almacén. Zona habilitada para el almacenamiento y conservación de géneros no perecederos. Su iluminación deberá ser la adecuada, evitándose que entre la luz solar así como de un buen sistema de ventilación, temperatura, etc. La cocina y otros departamentos tienen un sistema de retirada de productos mediante vales donde una persona encargada revisará tanto la entrada del género como su peso o la rotación de éste.

- Plonge.

  Es el departamento encargado de la limpieza de la batería de cocina. Deberá poseer su propia zona de trabajo compuesta por grandes pilas profundas, resistentes y de acero inoxidable, mesas auxiliares y estanterías para su posterior almacenaje, además de estar en comunicación con el cuarto caliente.

- Cuarto de verduras.

  Se trata de un almacén, normalmente no muy grande y alejado de la cocina, debiendo estar situado en comunicación con ésta y con la recepción de mercancías. Suelen estar dotados de cámaras frigoríficas, pilas, peladores de patatas, centrifugadoras de lechuga, etc, dependiendo del movimiento que tenga el establecimiento y de la frecuencia con la que se adquieran los productos.

2.3. Especificaciones en la restauración colectiva

La Alimentación colectiva

La **Alimentación Colectiva** o **Restauración Colectiva** es aquella que se prepara para un número determinado de comensales, los cuales superan a los que comprenden un grupo familiar.

Actualmente, cada vez aumenta el número de personas que comen fuera de casa por lo que es necesario adoptar una serie de normas relacionadas con la nutrición y la higiene asegurando así la variedad en los menús y la calidad de los mismos, dándole la importancia que requiere.

Tipos de Restauración Colectiva

La Restauración colectiva se puede clasificar de la siguiente manera:

- La **Restauración Tradicional**, se refiere a los restaurantes cuya principal característica es que poseen un comedor múltiple en el que se sirven comidas elaboradas en una cocina común, diferenciándose entre negocio individual o social.
- La **Restauración Social**, se refiere a los servicios alimentarios que se ofertan a grupos que se encuentran en un lugar en concreto a la hora de comer y que no pueden ausentarse del lugar donde realizan su actividad.

- Las **Industrias de Restauración Comercial** se refiere a la elaboración de comidas en grandes cantidades y cuyo objetivo es el de comercializarla, ofreciendo una buena calidad en relación calidad-precio.

Los inicios de este tipo de restauración fueron las pequeñas cocinas, que poco a poco han ido creciendo, existiendo en la actualidad gran variedad de ellas, desde las cocinas que elaboran la comida y la sirven en el lugar de consumo, hasta cocinas centrales para un mayor grupo de comensales.

2.4. El personal y sus distintas categorías profesionales

El trabajo que se desarrolla en una cocina es bastante amplio por lo que será necesario establecer distintas categorías profesionales para su mejor organización, teniendo en cuenta que cuanto mayor sea la categoría del establecimiento, más categorías profesionales existirán y viceversa.

Las principales **categorías profesionales son**:

- **Jefe/a de cocina**

  Se trata de la persona dedicada a una serie de tareas, tales como: confeccionar los menús, realizar los pedidos necesarios, inventariar cada cierto tiempo permitiendo así llevar un control más exhaustivo, vigilar la preparación y condimentación de cada uno de los platos consiguiendo que éstos salgan correctamente, controlar el personal en cuestiones como los días de descanso, las fechas de vacaciones, controlar el horario de entrada y de salida de los mismos, etc.

  Normalmente durante el servicio estará en el pase de la mesa caliente, recibiendo comandas y montando los platos. En el supuesto en el que la ocasión lo requiriera, actuará como un cocinero de partida más.

- **Segundo Jefe de cocina**

  Se trata de la persona que sustituirá al Jefe de cocina en caso de ausencia de éste, ya sea por descanso, vacaciones o cualquier otro motivo. Estará más en contacto con el trabajo diario de las distintas partidas, repondrá las mercancías y actuará como un cocinero más si la ocasión lo requiere, aunque generalmente colaborará con la partida más cargada de trabajo.

- **Jefe/a de catering**

  Se trata de la persona encargada de organizar, controlar y coordinar todo el proceso de preparación y distribución de la producción a su cargo. Debe realizar de la mejor forma posible la dirección, el control y el seguimiento del proceso de elaboración y distribución de comidas, vigilando de que la producción reúna las condiciones exigidas, tanto higiénicas como de montaje. También será el encargado de evaluar, supervisar y organizar al personal a su cargo.

- **Jefe/a de partida**

  Es el cocinero encargado de confeccionar y condimentar todos los platos que salgan de su partida. Deberá dominar la elaboración de una variedad de platos, tales como cocina regional, nacional e internacional, etc. además repartirá el trabajo entre los miembros de su partida, recogerá los artículos del economato y al final del servicio limpiará y recogerá la herramienta de su partida.

Cocinero/a

Persona que deberá poseer los mismos conocimientos y las mismas obligaciones que el Jefe de partida.

Ayudante de cocina

Se trata de la persona que trabaja a las órdenes de los cocineros. Normalmente suelen realizar trabajos bastante mecánicos y sencillos.

Auxiliar de cocina

Se trata de la persona encargada de realizar las tareas de limpieza de menaje y útiles de cocina y restaurantes. También transporta los pedidos, prepara y lava los alimentos.

Repostero/a

Su cometido es el mismo que el del segundo jefe de cocina aunque dependa directamente del jefe de cocina debido a su especialidad.

Oficial repostero

Se trata de la persona que llevara a cabo el plan de trabajo que organice el repostero. Suele poseer los mismos conocimientos que un repostero.

Ayudante repostero

Se trata de la persona que apoya al oficial repostero en todo lo relacionado con el trabajo de éste.

Encargado de economato y bodega

Se trata de la persona encargada de recepcionar toda la mercancía que se encuentran en estas instalaciones. Normalmente esta persona suele llevar el control y el seguimiento de todo lo que se encuentre en esas dependencias.

Ayudante de economato y bodega

Suele tener las mismas funciones que el encargado de economato y bodega.

- **Marmitón**

  Se trata de la persona cuya misión es la limpieza en general, es decir, se encargara de la limpieza general de las dependencias de la cocina y de fregar la batería de cocina.

- **Pinche**

  Se trata de la persona encargada de lavar todos los alimentos, (ya sean pescados, verduras, hortalizas, etc.) y de la limpieza general de la cocina.

- **Fregadores**

  Se trata de las personas encargados de la limpieza del menaje de la cocina, en concreto, la vajilla, las fuentes de servicio, la cristalería, la cubertería, etc.

Sabemos que podemos realizar infinidad de divisiones en una cocina, dependiendo de distintos factores tales como los menús a elaborar, las necesidades del local o el tipo de establecimiento por ejemplo. Todo ello nos lleva a que se realizaran subdivisiones del trabajo entre el personal de cocina con el fin de abordarlo con profesionalidad y ofrecer la mayor calidad posible en la elaboración de los platos, organizándose así, con las llamadas partidas.

En algunas ocasiones, puede ocurrir que las partidas estén muy identificadas con el local donde se realiza el trabajo, puesto que allí tienen todo lo necesario para desempeñarlo y no necesitan salir a usar maquinaria existente en otras secciones. En estos casos, el nombre de la partida suele coincidir con el del cuarto de cocina donde trabaja.

Partida: se entiende como partida al cocinero o grupo de cocineros que se dedican exclusivamente a un trabajo concreto.

2.5. Competencias básicas de los profesionales que intervienen en el departamento

Como ya hemos explicado anteriormente, la mayoría de los establecimientos se estructuran como **mínimo en tres cuartos** en los cuales se moverán las distintas **partidas** que lo compongan, siendo susceptibles de ampliación en caso de ser necesario.

A continuación, vamos a especificar cuáles son las distintas partidas que se pueden dar en cada uno de los cuartos de cocina.

Comenzaremos esquematizando el cuarto frío.

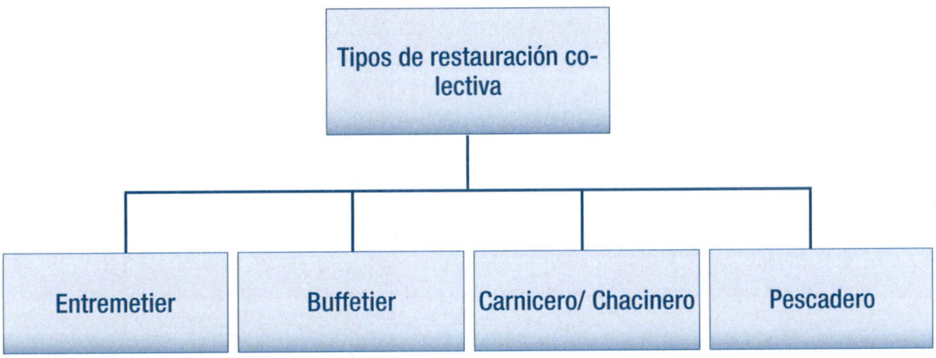

A continuación vamos a desarrollar cada una de sus partidas:

Entremetier	Partida encargada de la preparación de las entradas y aperitivos fríos, las ensaladas, patés y todo aquello que tanto para su preparación como para servirlo requiere el frío.
Buffetier	Partida encargada de la preparación de manjares y elementos decorativos para un servicio tipo "buffet".
Carnicero / Chacinero	Dependiendo del tipo de cocina, partida que se encarga de comprar de productos cárnicos y de elaborarlo en la cocina, ahorrándose así el coste de la carnicería.
Pescadero	Al igual que sucede en el anterior, es una partida pensada para un establecimiento especialista en pescados, de este modo si se obtendrían beneficios.

Con respecto al cuarto caliente, las partidas que lo componen son:

Salsero	Partida en la que se realiza la última operación a las comidas principales antes de su emplatado y de su pase. Suele ser el segundo jefe de cocina el encargado de la misma.
Potajero	Partida destinada a la elaboración de sopas, cremas, potajes, y demás platos de cuchara. Actualmente está cayendo en desuso.
Asador	Partida destinada a la preparación de carnes o pescados en todas sus modalidades, (ya sea en el horno, estofados, breseados, etc.).
Parrillero	Partida destinada a preparar todos los elementos que se van a usar durante el servicio en establecimientos donde se oferte el asado en parrilla, ocupándose de confeccionar las comidas en las mismas.
Guarnicionero	Partida encargada de elaborar todos los elementos que se usarán como acompañamiento de los platos existentes en la carta.
Entradero	Partida encargada de la preparación de entradas calientes, identificándose como entradas calientes la pasta, los quiches, los crepes salados, los patés, etc.
Pase	Partida que controla y gestiona las entradas de las comandas del establecimiento, lee su contenido y ordena a las distintas partidas la elaboración de los platos que se servirán en cada mesa.
	Encargada también de montar los platos en la mesa caliente y posteriormente deberá indicar a qué mesa van cada uno de los platos y qué contienen.

Para finalizar, vamos a describir la única partida que compone el cuarto de cocina denominada repostería.

- Pastelero.

  La brigada del pastelero está compuesta por una serie de cocineros especializados en pastelería y repostería. Éstos pueden ser o fijos de la partida, o cocineros que van rotando, a diferencia del jefe de esta partida que si debe ser un repostero profesional.

Las Brigadas

Una **brigada** está compuesta por todo el personal que desarrolla su trabajo en la cocina.

A lo largo del tiempo, las brigadas han ido disminuyendo en número, debido a que los equipamientos han ido sustituyendo a la mano de obra, obligándolo por tanto, a tener una buena organización para el uso coherente de las máquinas y una buena formación de los profesionales que van a darle uso a todo el equipamiento.

2.6. Elaboración de planes sencillos de producción culinaria

El principal plan sencillo de producción culinaria a destacar son los llamados aperitivos.

Los **aperitivos sencillos** son aquellas elaboraciones destinadas a presentarse tanto en la barra como en pase de bandejas en cualquier tipo de evento y cócteles, caracterizadas porque se pueden tomar fácilmente con la mano y su elaboración no es muy compleja.

Para poder diferenciar los distintos tipos de aperitivos sencillos que existen, podemos clasificarlos de forma genérica en:

Canapés | Tartaletas | Tapas | Pinchos

Canapés	Suele ser una pieza compuesta por una rebanada de pan de molde sobre el que se colocan los alimentos.
Tartaletas	Suele estar compuesta de una base que por lo general es pasta quebrada rellena con distintas opciones tales como salmorejo, pisto, brandada de bacalao, etc.
Tapas	Son las elaboraciones que acompañan a una consumición ya sea en barra o en mesa. Pueden varias desde lo más simple como unas aceitunas o unas patatas fritas hasta una elaboración compleja servida en una cucharilla de aperitivo.
Pinchos	Se caracterizan porque son elaboraciones ensartadas en un palillo o brocheta de madera. En la actualidad y con las nuevas tendencias culinarias, los pinchos suelen ser preparaciones muy elaboradas.

UD2

lo máS importante...

- En un establecimiento hostelero, la **cocina** es el conjunto de locales y áreas necesario para transformar los alimentos y convertirlo en platos finales.
- Los cuartos que componen la división mínima en un local de cocina son tres: el cuarto caliente, el cuarto frío y la pastelería.
- Además de las divisiones anteriores, en una cocina se pueden dar otras dependencias auxiliares, tales como: recepción de mercancías, plonge, cuarto de verduras, economato, fregaderos de vajilla, vestuario, comedor de personal, despacho del jefe de cocina, etc.
- La **restauración colectiva** es aquella que se prepara para un número determinado de comensales, los cuales superan a los que comprende cualquier grupo familiar.
- La restauración tradicional, la restauración social y las industrias de restauración comercial componen los **tipos de restauración colectiva**.
- Las **principales categorías profesionales** son: jefe/a de cocina, segundo jefe/a de cocina, jefe/a de catering, jefe/a de partida, cocinero/a, ayudante de cocina, auxiliar de cocina, repostero/am oficial de repostería, ayudante de repostería, encargado del economato y bodega, ayudante del economato y bodega, marmitón, pinche y fregaderos.
- La **partida** es el cocinero o grupo de cocineros que se dedican exclusivamente a un trabajo especifico.
- A su vez, tanto el cuarto caliente como el cuarto frío, cuentan con una serie de partidas, tales como salsero, potajero, parrillero, pase o guarnicionero en el cuarto caliente y pescadero, carnicero o buffetier en el cuarto frío.

UD2

autoEvaluación

1. ¿Cuáles son los aspectos fundamentales que han de tenerse en cuenta en la organización de una cocina?:

   a) Una plantilla profesional; una correcta normalización de los procesos a seguir, no haciéndole falta que esté bien equipada, siempre y cuando tenga una buena coordinación.

   b) Únicamente que este bien equipada y una plantilla profesional y adecuada.

   c) Simplemente será necesario un buen equipo que asuma las órdenes de su jefe.

   d) Ninguna de las respuestas anteriores es correcta.

2. ¿Cómo se dividen los locales?:

   a) En 3, suelos, paredes y techos.

   b) En 2, suelos y paredes, pues el techo se da por entendido.

   c) En 4, suelos, paredes, techos y el almacén aparte que se cuenta como un anexo a ésta.

   d) Ninguna de las respuestas anteriores es correcta.

3. ¿Qué entendemos por zona de producción culinaria?:

   a) Dos grandes áreas diferenciadas entre sí, donde es importante el conseguir diferentes temperaturas en una y en otra.

   b) Tres grandes áreas diferenciadas entre sí, donde se separan la zona fría de la caliente y de la templada.

   c) No hará falta realizar subdivisiones si la cocina cuenta con neveras, frigoríficos y congeladores en condiciones óptimas.

   d) Solamente hay que diferenciar una zona, la caliente. La zona fría no es importante separarla.

4. ¿Cuáles son las características del cuarto frío?:

a) Deberá permanecer aislado con mamparas acristaladas, evitando así que suban las temperaturas en su interior. En el caso de no conseguirlo, deberán instalarse elementos de frío inducidos con el fin de mantener la temperatura por debajo de los 16 grados centígrados.

b) Deberá permanecer aislado con mamparas acristaladas, evitando así que suban las temperaturas en su interior. En el caso de no conseguirlo, deberán instalarse elementos de frío inducidos con el fin de mantener la temperatura por debajo de los 10 grados centígrados.

c) Deberá permanecer aislado con mamparas acristaladas, evitando así que suban las temperaturas en su interior. En el caso de no conseguirlo, deberán instalarse elementos de frío inducidos con el fin de mantener la temperatura por debajo de los 14 grados centígrados.

d) Deberá permanecer aislado con mamparas acristaladas, evitando así que suban las temperaturas en su interior. En el caso de no conseguirlo, deberán instalarse elementos de frío inducidos con el fin de mantener la temperatura por debajo de los 12 grados centígrados.

5. ¿A qué denominamos plonge?:

a) Al cuarto de verduras.

b) Al departamento encargado de la limpieza de la batería de cocina.

c) A la zona habilitada para la descarga de las mercancías.

d) A las personas encargadas dcl comedor de personal.

6. ¿A qué denominamos restauración social?:

a) A los servicios alimentarios que se ofertan a grupos en un comedor múltiple y en grandes cantidades.

b) A los servicios alimentarios que se ofertan a grupos que se encuentran en un lugar en concreto a la hora de comer y que no pueden ausentarse del lugar donde realizan su actividad.

c) A la elaboración de comidas en grandes cantidades, cuyo objetivo es comercializarla, ofreciendo una gran relación en cuanto a calidad-precio.

d) A los restaurantes que poseen un comedor múltiple en el que las comidas se sirven elaboradas en una cocina común, diferenciándose entre negocio individual o social.

7. ¿A qué llamamos marmitón en cocina?:

a) Al ayudante del economato y la bodega.

b) Al pinche. Se le llama así porque principalmente es la persona encargada de lavar todos los alimentos en la cocina.

c) A la persona cuya misión es la limpieza en general, encargándose de la limpieza en general de las dependencias de la cocina y de fregar la batería de la misma.

d) Al encargado del economato y bodega. Se le llamad así por ser la persona encargada de recepcionar toda la mercancía que se encuentra en dichas instalaciones.

8. ¿Qué es una partida?:

a) Se trata del almacén de la cocina.
b) Se trata del cocinero o grupo de cocineros que se dedican de forma exclusiva a un trabajo en concreto.
c) Se trata de la persona encargada de la limpieza del menaje de cocina.
d) Ninguna de las respuestas anteriores es correcta.

9. En cocina, ¿A qué llamamos pase?:

a) A la partida encargada de la preparación de las entradas calientes.
b) A la partida que controla y gestiona las entradas de las comandas del establecimiento, lee su contenido y ordena a las distintas partidas la elaboración de los platos que se servirán en cada mesa.
c) A la partida encargada de elaborar todos los platos que se consumirán entre el primer y el segundo plato.
d) Al jefe de cocina, persona encargada del control de los platos y de la manera de servirlos.

10. En cocina, ¿A qué llamamos brigada?:

a) Al conjunto compuesto por el almacén, la cocina y el economato.
b) Al conjunto compuesto por el almacén, la cocina, el economato y la bodega.
c) A todo el personal que lleva a cabo su trabajo en cocina.
d) Ninguna de las respuestas anteriores es correcta.

hostelería y turismo

UD3

La restauración diferida

hostelería y turismo

3.1. Concepto

En los últimos años, la demanda de comidas fuera del hogar está experimentado un importante incremento. Es por ello, por lo que las empresas que se dedican a la elaboración de platos cocinados deben innovar en sus trabajos, implantando nuevos sistemas comerciales de la oferta y modificando sus técnicas de trabajo.

Al aumentar este tipo de restauración fuera del hogar cobra una mayor importancia el papel que desempeñan las cocinas centrales con respecto a que han de ser suministradoras de menús a restaurantes satélites o a comedores colectivos.

Por lo que de esta forma, nos encontramos con una separación entre la producción de los platos cocinados por una parte y el consumo y lo referente a este, por otro.

En este sentido, podemos señalar dos tipos de ofertas para el servicio de comidas:

- La restauración convencional o tradicional.
- La restauración diferida.

A continuación vamos a proceder a definir cada uno de estos conceptos.

Restauración convencional o tradicional: Caracterizada por sus menús elaborados y servidos in situ. El consumo de los platos cocinados tiene lugar de forma inmediata y en el mismo sitio donde se producen.

Restauración diferida: Caracterizada por corresponder a industrias de elaboración de comidas para el consumo de grandes colectivos fuera del establecimiento que las produce.

Si partimos de un sistema de producción centralizada, los servicios de comida pueden tener lugar en puntos de consumo distantes de la unidad de producción.

Así es como nace el concepto de restauración diferida, el cual se caracteriza por ser un sistema de restauración comercial asentado sobre la base de consumir en otra parte distinta la comida, a diferencia de la restauración convencional que se debe servir en el mismo lugar y en el momento.

A continuación vamos a señalar las distintas categorías de establecimientos de restauración diferida reconocidos por la legislación española alimentaria, enfocándolo desde el punto de vista sanitario.

Catering de Aviación	Caracterizados por ser industrias que elaboran comidas para el consumo del pasaje de las aeronaves, (pasajeros y tripulación). Por lo general, no se encuentran unidas a las instalaciones del aeropuerto, aunque también incluyen los bares, cafeterías, restaurantes de los aeropuertos que las puedan elaborar en sus cocinas.
Catering de Ferrocarriles	Caracterizados por ser industrias que como su nombre indica, suelen estar situados en las estaciones de ferrocarriles. Por lo general, elaboran comidas para ser consumidas a bordo de los trenes.
Catering de buques	Caracterizados por ser industrias consumidas por los pasajeros y las tripulaciones en los puertos, ya que como su nombre indica, suelen estar localizados en éstos.
Cocinas centrales	Caracterizadas por ser industrias en las que en locales preparados para tal efecto se preparan comidas con el fin de posteriormente distribuirlo a los colectivos. Ejemplo de ellos serian los hospitales, los colegios, etc.
Restaurantes que sirven a colectivos	Restaurantes caracterizados porque aparte de su actividad principal, preparan comidas en sus propias instalaciones con el fin de consumirlas en colectividades cercanas de manera inmediata ya que éstos no están dotados de medios de cocina.

3.2. Especificidades en la restauración colectiva

Los locales destinados a ofertar servicios a grandes colectivos, deben contar con determinadas características especiales que faciliten tanto su gestión como el trabajo diario de los profesionales que en ellos van a desarrollarlo.

Como hemos visto anteriormente, sabemos que la **restauración colectiva** es aquella que se dirige a grupos numerosos, en locales con grandes aforos y con servicios lo suficientemente eficientes como para servir a todos los comensales en un tiempo óptimo.

Normalmente los locales de cocina suelen tener sus dimensiones en relación al tamaño del comedor o cOmedores y a la capacidad máxima de comensales.

Pues bien, como **principal especificación de la restauración colectiva**, podemos señalar que los comedores suele estar preparados para ofertar dobles turnos de comidas o suelen ser de grandes dimensiones, por lo que si bien el espacio físico puede ser más reducido, la cantidad de raciones a preparar y la complejidad de las mismas, marcarán el espacio destinado a las distintas zonas de la cocina.

También cabe destacar como **segunda especificación**, la organización interna de la cocina.

Ésta debe ajustarse tanto a la oferta como al servicio, por lo que los componentes de la brigada, el número de profesionales de cada partida y la división de las distintas tareas entre las mismas, deben estar diseñadas y pensadas para cada tipo de servicio en concreto.

Las grandes diferencias con respecto a otros locales con menos volumen de comidas al día son las siguientes:

A continuación, vamos a explicar de manera detallada, las principales diferencias que existen en cuanto a locales que dispongan de un volumen menor de comidas con locales de restauración colectiva.

Almacenamiento

Serán necesario mayores zonas de almacenamiento, tanto para los materiales culinarios como para utensilios, hornos, baños maria, cuberterías, vajillas, bandejas, etc.

Conservación

En este tipo de establecimiento, siempre será conveniente disponer de gran capacidad para almacenar productos conservados, (bien sean refrigerados, enlatados o congelados). Tanto para conseguir buenos precios, como por mantener un stock grande de determinados materiales o por el tipo de negocio en sí, suelen poseer grandes cámaras congeladoras y refrigeradoras.

- **Regeneración**

  En el caso de que el estilo culinario del establecimiento incluyera el uso de ingredientes conservados, se necesitará disponer de espacios para la regeneración de los mismos. En el supuesto de los congelados, harán falta grandes escurridores en cuartos donde se les controlará la temperatura. Para los productos salados, se usarán contenedores o pilas en los que el cambio de agua sea fácil y en los productos al vacio, será interesante poseer de hornos de convección vapor.

- **Cocción**

  Dependiendo del tipo de servicio, será necesaria la aplicación de determinadas técnicas de cocción, por lo que esto será una de los aspectos a evaluar en el momento de montar la cocina par un establecimiento dedicado a colectivos.

- **Limpieza**

  La diferencia con la limpieza aplicada en otros tipos de restauración que no sea la colectiva es que en ésta hace falta el uso de lava-utensilios además de los lavavajillas convencionales.

- **Zona de pase**

  Son las áreas reservadas en la cocina para entregar los alimentos que ya están listos para su consumo. Hasta ellas, llegan los camareros o el personal destinado a la distribución de los platos o placas, a recogerlas y comenzar el servicio o reparto. Hay que tener en cuenta que en la restauración colectiva, éstas deben ser bastante más amplias y siempre adaptadas al tamaño de los contenedores donde se "pasa" la comida para su servicio.

3.3. Cocina central

En la actualidad los modelos tradicionales de restauración sufren dificultades debido a una serie de factores tales como:

- La falta de profesionales cualificados.
- El aumento del coste de los alimentos.
- El cumplimiento del nuevo marco legal.

Por otro lado, cabe destacar la restauración denominada "**Food service industry**", cuya característica más destacable es que reúne a los trabajadores relacionados con la gestión de diversos tipos de empresas, tales como:

- Tipos de restaurantes.
- Las empresas de hostelería para colectivos.

- Las empresas especializadas en catering.
- Los negocios vinculados al ámbito del alojamiento.

Para definirlo mejor podemos establecer dos amplios sectores:

Restauración social o colectiva	Restauración comercial o pública

De la **Restauración Social o Colectiva**, destacamos una serie de conceptos, los cuales son:

- En ella el consumidor no tiene la opción de elegir y que la gestión económica ha de ajustarse al presupuesto de la dieta reduciendo como consecuencia de ello el poder ofertar una gran variedad de materias primas.
- Ésta se ve condicionada por las dificultades de manipulación puesto que la restauración colectiva necesita procesos de producción casi industriales, teniendo en cuenta que no se puede confeccionar cualquier plato ni utilizar cualquier materia prima debido al elevado número de servicios que tienen que realizar a diario.
- Se han de tener en cuenta la seguridad alimentaria por un lado, la cual debe ser extrema y la nutrición por otro, cuyo papel destacable es la importancia debido a la tipología del consumidor en la mayoría de los supuestos, teniendo en cuenta algunas de sus variaciones como pueden ser la población infantil, la geriátrica o el paciente ingresado, por ejemplo.
- Podemos señalar como última característica de este sector que con antelación al servicio a ofertar conocemos el número de comensales, aspecto que ayuda a la planificación de la plantilla mejorando también los concretar los costes.

Si bien acabamos de ver los aspectos fundamentales que describen a la restauración social o colectiva, ahora vamos a desarrollar los de la **Restauración Comercial o Pública,** éstos son:

- Cuenta con una amplia oferta para ofrecerle al consumidor, siendo éste quien decide que va a comprar.
- Su gestión económica no está supeditada al coste de la dieta, existiendo una gran variedad gastronómica.
- Se le puede aplicar un margen al coste de producción y servicio ya que la nutrición no cobra tanta importancia y la calidad se centra más en la materia prima y el servicio propiamente ofertado.

Podemos señalar que los dos tipos de restauración están identificados con diversas formas de producción, encontrándonos con empresas que practican **la restauración directa**, es decir, que producen en el mismo lugar que sirven, (in-situ) y con empresas que practican **la res-**

tauración diferida, siendo éstas las que producen en cocinas centrales y luego transportan los alimentos, manipulados o elaborados a cocinas satélites.

Las ventajas de centralizar la producción recaen en dos aspectos importantes:

Aspectod de calidad	Aspectos económicos

A continuación, vamos a destacar los factores más importantes de ambos aspectos.

Con respecto a la calidad, destacamos los siguientes aspectos:

- Estandarización del producto.
- Mejora de la gestión de producción.
- Mejora de las condiciones laborales del personal que lleva a cabo la manipulación.

Con respecto a los aspectos económicos, podemos destacar:

- Mejorar la gestión del punto de venta.
- Centralizar las compras y la producción, implicando un ahorro de costes considerable.
- La optimización de los RR.HH
- Posibilidad de crecimiento en economía de escala.

Otra clasificación dentro de las cocinas centrales es:

- Producen y transportan en línea caliente. Por lo general, suele ser para su inmediato servicio y consumo.
- Producen y transportan en línea fría. Por lo general, suele ser para posterior regeneración, servicio y consumo.

Cabe la posibilidad de combinar ambos sistemas en una cocina satélite, pudiendo así aprovechar las ventajas de ambas.

A continuación, vamos a desarrollar **la línea fría** también conocida con el nombre de **cook & chill**, consistiendo en enfriar los alimentos justo después de ser cocinados, con el fin de evitar la deshidratación que se produce cuando mantienes un producto elaborado a más de 65 º C a la espera de ser servidos (pudiendo variar el número de horas).

No obstante, se incrementa la seguridad alimentaria ya que se reduce el tiempo de exposición de los alimentos en la franja de riesgo de temperaturas.

Todo este proceso se lleva a cabo en células de enfriamiento forado, conocidos también con el nombre de abatidores de temperatura. El ciclo de abatimiento comienza a más de 65 ° C y llega a su fin a menos de 10 ° C, no siendo superior a 90 minutos. En todos los casos el producto elaborado se mantendrá refrigerado entre 0° C y 3 ° C hasta que llegue el momento de ser recuperado.

Señalar que nuestro país la legislación no contempla el proceso de abatimiento, a diferencia de países de la Unión Europea, que si cuentan con esta técnica.

Este sistema se puede **aplicar en ambos tipos de restauración, ya sea en la directa como en la diferida**, simplemente habría que tener en cuenta que si se aplica en **Restauración directa**, donde el número de servicios elaborados en el día es elevado, resultara beneficioso para banquetes u hospitales, mientras que si se aplica en **Restauración diferida**, implicaría el envasado y etiquetado de los productos elaborados para su posterior transporte.

Este sistema presenta grandes ventajas, tales como:

- Te permite preparar los alimentos con antelación y guardarlos hasta el momento de servirlos.
    - Respetando todas sus propiedades, tanto las orgánicas como las nutricionales.
    - Teniendo en cuenta un aumento o disminución de comensales en el que se pueda reaccionar a tiempo.

- Se produce una mejora de la calidad percibida.
  - Al volcar el interés en el servicio.
  - Al concentrar esfuerzos y recursos en la producción y emplatado.
  - Al disminuir el ritmo de trabajo en el momento del servicio.
- Aumenta la capacidad de producción.
  - Significando ello algo beneficioso para el sistema en genera.

Debemos tener claro e identificar todos los documentos y todos los procesos del proyecto para así poder valorar su viabilidad. También hay que tener establecido de la forma más clara posible, cuáles son nuestras necesidades de producción primarias y cuales las secundarias, así como conocer qué equipamientos serán necesarios, equipos, etc. evitando así olvidarnos de detalles que puedan traer consecuencias negativas.

3.4. Cocina de ensamblaje

Se entiende por **Cocina de Ensamblaje** a una cocina que reúne diferentes platos, aunque debe ser comprendido como "un sistema de producción para volúmenes de alimentos".

También llamada "Cuisine d´assemblage".

Con este sistema los cocineros pueden evitar o disminuir los costes operacionales, el riesgo de contaminación de los alimentos y la espera de los comensales, en la medida de lo posible.

- **Objetivos:**

  Su **principal objetivo** es el de facilitar el trabajo del cocinero conservando su individualidad, su creatividad y asegurando el aspecto nutricional y gustativo de la cocina.

- **Métodos:**

  En ésta, se usan procesos y formas de cocción que permitan economizar tanto el tiempo como la energía, sin olvidarnos de la protección a los alimentos.

Se emplea en todos los niveles de la gastronomía, empezando por la solicitud y compra de la mercancía hasta llegar a la entrega del servicio final al comensal.

Como ya hemos visto, la **cocina de ensamblaje** se da principalmente en aquellos negocios que sirven a colectivos. Esto se debe a los elevados volúmenes de producción con los que operan, con independencia de una serie de aspectos, tales como:

- Que el número de puestos del establecimiento sea elevado.
- Que atienden diversos servicios y comedores simultaneamente.
- Que surta a diferentes puntos desde un único lugar.

Como ejemplo de ello, podemos señalar:

  - Los comedores escolares.
  - Los hoteles.
  - Los casinos.
  - Los Restaurantes y Panaderías que cuenten con centro de producción propio.

Por lo general esta forma de trabajo no se lleva a cabo en restaurantes donde la elaboración de platos con un concepto artístico es la tónica habitual debido a que en ellos cuentan con la persona que se dedica concretamente a realizar dicha labor.

En cambio, es muy atractiva para los comedores que atienden a grandes comunidades, puesto que éstos carecen de una brigada numerosa, cuentan con menos tiempo y tienen una cocina con el espacio muy reducido para ubicar algunos equipos.

Sin embargo, esto no significa que **la cocina de ensamblaje** utilice productos poco elaborados. Si para ello, tenemos en cuenta el concepto de ensamblar, que es armar y que en esta acción influye principalmente la creatividad del profesional. Como ejemplo de la misma podemos destacar la gastronomía francesa, ya que a pesar de ser muy entregada al detalle, usan este sistema de trabajo.

De la misma forma, los **métodos de cocción** que utiliza son múltiples, al igual que ocurre en la cocina tradicional:

Al vapor	Presión al vapor	Al vacío	Asar a bajas temperaturas
Saltear	Freir	Pochear	Regenerar

Al igual que ocurre en la cocina tradicional, en ésta podemos darle a los alimentos la misma terminación, no alterando en ningún momento sus propiedades, refiriéndonos con ello al sabor, la textura, el tamaño o el color.

Dadas sus características, esta forma de trabajo se entiende como la industrialización de la mano de obra. De ahí que también se utilice maquinaria especializada, tales como:

- Steamer o Autoclave.
- Horno Microondas.
- Ultra congelador (Congelador shock).
- Máquina de empaque al vacío.
- Parrilla.

- Salamandra.
- Horno Convector.
- Combi Steamer (aire caliente y vapor).
- Balanza Electrónica.

Es importante señalar que la infraestructura que exige la cocina de ensamble requiere de una inversión importante, sin embargo hay establecimientos que la emplean, obteniendo por tanto ventajas de ella.

Lo que sí hay que tener en cuenta antes de anticiparse y tomar cualquier decisión, es realizar un análisis de rentabilidad con el fin de confirmar que no sea más costoso el entregarle a los proveedores esta tarea antes que conservar la mano de obra.

Tiempo atrás, el mundo de los platos cocinados quedo marcado por el fenómeno de la "Cocción al vacío", técnica que no solo ha dado lugar a una mejora en la calidad orgánica de los productos, sino que además es capaz de avanzar en el tiempo su duración garantizando así unas condiciones óptimas de salud.

Por lo que, dicho método de cocción o tratamiento térmico en el envase final ha revolucionado todas las técnicas y los conceptos de restauración diferida consiguiendo el auge del plato cocinado en la gran distribución.

Si la restauración clásica recurrió a ella, podemos deducir que sería porque los productos finales mantienen unas características positivas.

A continuación, veamos un ejemplo de la cocina de ensamblaje por cocción al vacío con un Roastbeef:

1. La carne se sella en la plancha o en la estufa sólo para darle coloración.
2. Se introduce en la bolsa con la salsa y los demás ingredientes de la receta.
3. Se sella la bolsa en la máquina de empacar al vacío y se rotula (fecha, hora, producto, etc).
4. Se estabiliza en un ultracongelador por 20 días o más, según la necesidad.
5. Para regenerar el alimento, se introduce en una olla con agua caliente (70ºC).
6. Se monta y se decora el plato que será llevado a la mesa con la guarnición.

UD3

lo máS importante...

- Existen dos tipos de ofertas para el servicio de comidas:
  - La Restauración convencional o tradicional.
  - La Restauración diferida.

  Ambas se definen como:

  - **Restauración convencional o tradicional:** Caracterizada por sus menús elaborados y servidos in situ. El consumo de los platos cocinados tiene lugar de forma inmediata y en el mismo sitio donde se producen.
  - **Restauración diferida**: Caracterizada por corresponder a industrias de elaboración de comidas para el consumo de grandes colectivos fuera del establecimiento que las produce.

- Los locales destinados a ofertar servicios a grandes colectivos, deben contar con determinadas características que faciliten tanto su gestión como el trabajo diario de sus profesionales.
- La restauración colectiva cuenta con una serie de características, tales como poseer grandes comedores y en definitiva grandes aforos y la organización interna de la cocina, debiendo estructurarse en:
  - Almacenamiento.
  - Conservación.
  - Regeneración.
  - Cocción.

- Limpieza.
- Zona de pase.

- En la actualidad, existen dos amplios sectores establecidos. Por un lado, la restauración social o colectiva y por otro lado, la restauración comercial o pública, ambos con sus características propias.

- Destacable es también, la cocina de ensamblaje. La cual fue pensada para aquellos negocios que sirven a colectividades por los altos volúmenes de producción que manejan, bien sea porque el número de puestos del establecimiento es elevado o porque atienden diversos servicios y comedores simultáneamente o porque, desde un solo lugar, surten diferentes puntos. Entre estos se encuentran los siguientes:
    - Casinos.
    - Casas de banquetes.
    - Hoteles.
    - Clubes.
    - Comedores escolares.
    - Restaurantes y panaderías que tengan centro de producción.

- Asimismo, los métodos de cocción que emplea son tan variados como en la cocina tradicional: al vapor, a presión de vapor, al vacío, asar a bajas temperaturas, saltear, freír, pochear y regenerar.

- La idea consiste en darles a los alimentos la misma terminación y en ningún momento alterar sus propiedades (color, sabor, textura, tamaño).

- De algún modo, esta forma de trabajo ha sido entendida como la industrialización de la mano de obra. De ahí que también utilice maquinaria especializada como la salamandra, la balanza electrónica, la máquina de empaque al vacío, el horno microondas o el ultra congelador, entre otros.

UD3
autoEvaluación

1. ¿Qué entendemos por Restauración diferida?

a) La caracterizada por poseer menús elaborados y servidos in situ.

b) La caracterizada por poseer platos cocinados al momento y siempre en el mismo lugar donde se producen.

c) La caracterizada por corresponder a industrias de elaboración de comidas para el consumo de grandes colectivos fuera del establecimiento que las produce.

d) Ninguna de las respuestas anteriores es correcta.

2. ¿A qué llamamos "Food service industry"?

a) A una variedad de postre.

b) A una variedad de restauración.

c) A un tipo de plato, normalmente suele ser un segundo plato.

d) Ninguna de las respuestas anteriores es correcta.

3. ¿Qué caracteriza a la restauración social o colectiva?

a) En ella, el consumidor no tiene la opción de elegir; la gestión económica ha de ajustarse al presupuesto de la dieta reduciendo como consecuencia de ello el poder ofertar una gran variedad de materias primas.

b) En ésta, no se tiene en cuenta ni la seguridad alimentaria ni la nutrición.

c) En ella, no se conoce el número de comensales hasta que éstos se encuentran en el establecimiento.

d) Cuenta con una amplia oferta para ofrecerle al consumidor.

4. ¿A que denominamos restauración comercial o pública?

a) A aquella en la que su gestión económica no está supeditada al coste de la dieta.

b) A aquella que no posee una gran variedad gastronómica.

c) A aquella que tiene en cuenta tanto la nutrición como la seguridad alimentaria.

d) Ninguna de las respuestas anteriores es correcta.

5. Una de las ventajas de centralizar la producción recae sobre los aspectos económicos, entre ellos, destacamos:

a) Que mejora la gestión del punto de venta, así como que centralizar las compras y la producción implica un ahorro de costes considerable.

b) Que provoca la estandarización del producto.

c) Que produce la mejora de las condiciones laborales del personal que lleve a cabo la manipulación.

d) Que mejora la gestión de producción.

6. ¿A qué llamamos cook & chill?

a) En cocina, a la línea fría, la cual consiste en enfriar los alimentos justo después de ser cocinados, con el fin de evitar la deshidratación que se produce cuando mantienes un producto elaborado a más de 65 grados centígrados a la espera de ser servidos.

b) En cocina, a la línea templada, la cual consiste en enfriar los alimentos justo después de ser cocinados, con el fin de evitar la deshidratación que se produce cuando mantienes un producto elaborado a más de 75 grados centígrados a la espera de ser servidos.

c) En cocina, a la línea fría, la cual consiste en enfriar los alimentos justo después de ser cocinados, con el fin de evitar la deshidratación que se produce cuando mantienes un producto elaborado a más de 85 grados centígrados a la espera de ser servidos.

d) En cocina, a la línea fría, la cual consiste en enfriar los alimentos justo después de ser cocinados, con el fin de evitar la deshidratación que se produce cuando mantienes un producto elaborado a más de 60 grados centígrados a la espera de ser servidos.

7. ¿Cómo se lleva a cabo el proceso en la línea fría?

a) Se lleva a cabo en células de enfriamiento forado, conocidos también como abatidores de temperatura donde el ciclo de abatimiento comienza a más de 65 grados centígrados, llegando a su fin a menos de 10 grados centígrados, no siendo superior a 90 minutos.

b) Se lleva a cabo en células de enfriamiento forado, conocidos también como abatidores de temperatura donde el ciclo de abatimiento comienza a más de 65 grados centígrados, llegando a su fin a menos de 10 grados centígrados, no siendo superior a 40 minutos.

c) Se lleva a cabo en células de enfriamiento forado, conocidos también como abatidores de temperatura donde el ciclo de abatimiento comienza a más de 75 grados centígrados, llegando a su fin a menos de 10 grados centígrados, no siendo superior a 60 minutos.

d) Se lleva a cabo en células de enfriamiento forado, conocidos también como abatidores de temperatura donde el ciclo de abatimiento comienza a más de 65 grados centígrados, llegando a su fin a menos de 10 grados centígrados, no siendo superior a 60 minutos.

8. ¿Cuáles son las principales ventajas del sistema de cocina central?

a) Únicamente cuenta con dos. Una que se produce una mejora en la calidad percibida y la otra, que aumenta la capacidad de producción.

b) Existen varias, que se produce una mejora en la calidad percibida, que aumenta la capacidad de producción y que te permite preparar los alimentos con antelación y guardarlos hasta el momento en el que sean servidos.

c) Únicamente cuenta con la ventaja de que permite preparar los alimentos antes de que sean consumidos.

d) Ninguna de las respuestas anteriores es correcta.

9. ¿Cuál es el principal objetivo de la cocina de ensamblaje?

a) El de facilitar el trabajo del cocinero conservando su individualidad, su creatividad y asegurando el aspecto nutricional y gustativo de la cocina.

b) El de facilitar el trabajo al jefe del economato y bodega, que actúa de forma conjunta con la cocina.

c) El de facilitar el trabajo del cocinero conservando tanto su temperatura como su aspecto visual.

d) Ninguna de las respuestas anteriores es correcta.

10. En la cocina de ensamblaje, ¿Cuáles son los métodos que se utilizan?

a) Saltear, freír, al vapor, al vacio, pochear, regenerar pero nunca se podrá asar a bajas temperaturas.

b) Saltear, freír, al vacio, al vapor, pochear, regenerar, presión al vapor y asar a temperaturas elevadas.

c) Saltear, al vacio, al vapor, presión al vapor, pochear, asar a bajas temperaturas, freír y regenerar.

d) Simplemente las básicas, que son: saltear, freír, al vapor y asar a bajas temperaturas.

hostelería y turismo

UD4
Las ofertas gastronómicas

hostelería y turismo

4.1. Definición de los elementos y variables de las ofertas gastronómicas

Ofertas gastronómicas: Quedan incluidas en el concepto "producción de servicios" o "servucción".

Palabra compuesta por los términos "serv" y "ucción".

"Serv" procede del término servicio.

"ucción", de producción de alimentación y bebidas, cualquiera que sea la forma de hostelería elegida.

Hemos de tener en cuenta que el concepto "producción" estaba vinculado a los procesos productivos de bienes materiales tangibles.

La producción de servicios, en cambio se refiere a aspectos intangibles, tales como el confort, la positividad y la sensación de bienestar que un cliente descubre cuando disfruta de:

- Una habitación de hotel.
- La sonrisa de un empleado.
- Un buen recibimiento al entrar en un restaurante.
- La amabilidad en el trato con un cliente.

Éstos son algunos de los ejemplos en los que se demuestra lo realmente importante en la consecución de un servicio hostelero.

La "servuccion" (la cual proviene de la composición entre "serv"+"ucción", como anteriormente ya hemos comentado, engloba algunos aspectos, tales como:

- **Los clientes**. Tipología de clientes.
- **El soporte físico**: los medios materiales.
- **El personal en contacto con el cliente**: empleados de primera línea.

Los clientes

Es evidente que lo más importante que posee una empresa son l**os clientes.**

Enmarcándonos en el aspecto de los objetivos de una empresa, el principal sería satisfacer las necesidades y deseos de los distintos clientes que ésta posea y para ello hay que conocerlos a fondo ya que todas las personas al usar o utilizar algún tipo de servicio están tratando de satisfacer necesidades o deseos.

Si pensamos en las motivaciones que impulsan a un cliente a adquirir un determinado bien o servicio podemos ver que éstas son múltiples.

A continuación, vamos a esquematizar las más importantes, quedando de tal forma:

- Por negocios
- Por ocio
- Por seguridad
- Por pertenencia a un grupo social
- Por prestigio o estatus hacia los demás
- Por autoestima personal

Tenemos que tener en cuento que esto se puede aplicar a cualquier establecimiento de restauración que ofrezca calidad, en el que el cliente asista por una buena elaboración de platos, además de por todos los aspectos anteriormente mencionados.

El soporte físico

El soporte físico: Su principal característica es que es elemento material.

Este incluye a:

- Los locales

  Que usen los clientes junto con el mobiliario, los elementos de decoración, etc, lo cual constituira un conjunto en armonía con la idea inicial del proyecto

- La comida y la bebida

  Ambas se adecuan a cada tipo de establecimiento, con un precio en consonancia con la clientela

- Los servicios

  Que en restauración constituten la base para que el cliente perciba la acogida y el buen trato que siempre busca, siendo éste un conjunto de elementos tanto materiales como inmateriales.

Con todo ello, tenemos que tener en cuenta que cuando se vende un producto– servicio gastronómico, no solo se vende el manjar, sino que también se vende el servicio o conjunto de servicios que en su totalidad el establecimiento ofrece.

Señalar que éste debe ser equiparable a las expectativas de los clientes potenciales.

El personal en contacto con el cliente

También conocido con el nombre de cliente interno, ya que es usuario de los servicios del establecimiento.

Teniendo en cuenta que el cliente percibe del personal en su primer contacto una buena o mala impresión sobre la calidad del establecimiento en general, la selección del personal que lleven a cabo las empresas de restauración deberá ser con un personal cualificado y con experiencia, capaz de realizar todas las tareas que se les encarguen.

Éste debe ser amable, rápido y dispuesto, entendiendo su profesión como un servicio hacia los demás, lo cual ayuda para que sea más eficaz y positivo.

Variables de la oferta

Teniendo en cuenta por un lado las necesidades y por otro las motivaciones de los clientes con respecto a la función que desempeña la comida, podemos clasificar como variables de la oferta cuatro grupos distintos, los cuales son:

Comidas de ocio	Comidas de negocio	Bamquetes y ceremonias	Comidas dietéticas

A continuación, vamos a especificar las principales características de cada una de las distintas variables anteriores.

Comidas de ocio	Son las que responden a la necesidad de evadirse de la rutina del trabajo diario y cotidiano.
Comidas de negocio	Son en las que debe primar el equilibrio nutritivo y una buena calidad del servicio ya que algunos clientes anfitriones optan por un determinado establecimiento con el fin de impresionar a los demás.
Comidas dietéticas	En éstas, los clientes tienen un mayor conocimiento en materia de nutrición, existiendo la creciente necesidad de comer fuera del hogar por razones laborales, ya sea restauración tradicional o social. En ellas el cliente podrá elegir un menú dietético al mismo tiempo que disfruta de su descanso laboral.
Banquetes y ceremonias	Son los que constituyen una gran parte del mercado. Su objetivo es el de reunir y atender a numerosos invitados que coinciden ya sean por vínculos familiares, laborales, de asociaciones o de colegio profesional.

4.2. Ofertas Gastronómicas hoteleras y no hoteleras

Como oferta gastronómica más significativa podemos diferenciar dos grupos, tales como:

Restauración en Hoteles

Podemos diferenciar diferentes variaciones gastronómicas dentro de los hoteles, por lo que cabe señalar que pueden existir en un hotel de primera categoría distintas modalidades de servicios.

Especificando algunos ejemplos dentro de este tipo de restauración, destacamos los siguientes:

- Comedor de clientes alojados, en el que se les ofrecerá el desayuno (ya sea tipo buffet o continental) , el almuerzo y la cena, ambos con servicio en mesa o en la modalidad de buffet
- Cóctel Bar
- Restaurante de cocina internacional.
- Restaurante gastronómico de especialidades
- Marisquería
- Cafetería
- Grill
- Neveras de habitaciones
- Servicio de habitaciones, también conocido con el nombre de room-service
- Discoteca
- Sala de espectáculos donde se incluye generalmente la cena
- Salones y servicio de banquetes

Restauración Extra-hotelera o food-service

Es destacable que este sector reúne todas las formas de elaboración, venta y servicio de comidas tanto dentro como fuera del establecimiento.

Podemos confirmar que la restauración extra-hotelera o food-service está en completa expansión y ampliamente propagado.

Con todo ello, confirmamos que ambos grupos de restauración operan en los dos sectores: en el comercial y en el colectivo.

- El sector comercial

  Engloba a los establecimientos en los que su acceso es libre para el público en general, sin estar sujeto a ningún tipo de restricción, exceptuando el derecho de admisión.

- El sector colectivo

  Engloba al cliente cautivo, es decir, es el cliente que no le consienten salir de las instalaciones donde trabaja debido a que el tiempo para la comida es muy reducido.

4.3. Planificación y diseño de ofertas: el menú, la carta, galas, banquetes, otras

Destacando los principales tipos de ofertas, los desglosamos en el siguiente esquema:

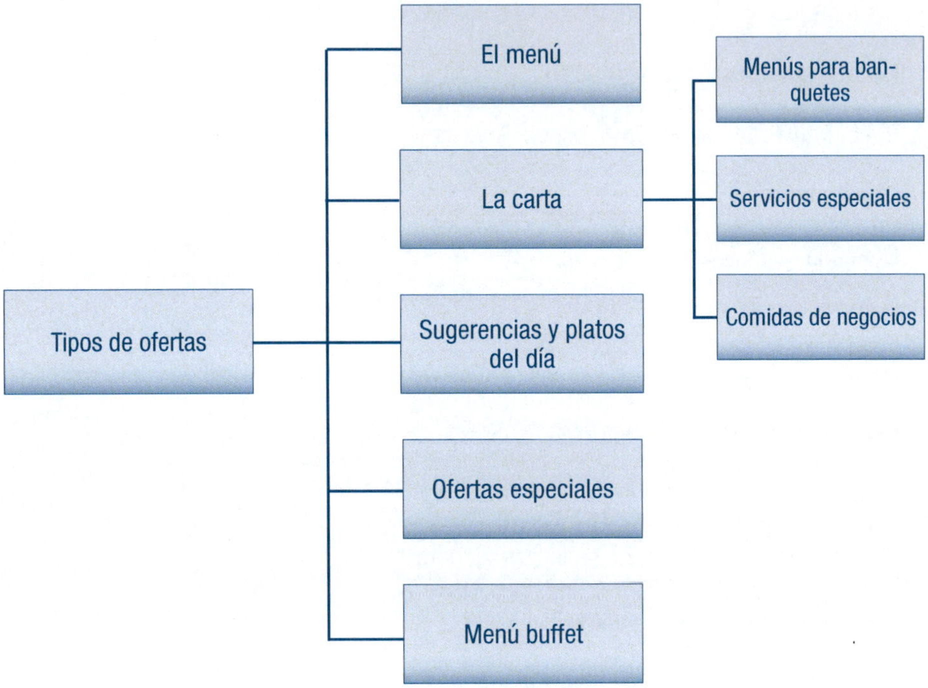

El menú

Considerada como **la oferta básica del restaurante**. Suele ser amplio y variado, agrupando la mayoría de lo que se ofrece en el establecimiento.

El menú surge por la necesidad de recoger todos los platos que se ofertan en el establecimiento en una relación escrita.

Puede **clasificarse en dos grupos**, por un lado por **según la hora en la que se sirve** y por otro **según la variedad que se sirve.**

Vamos a especificar sus distintos subgrupos:

- **Según la hora en que se sirven.**
  - Menú de Desayuno.
  - Menú Brunch.
  - Menú de Almuerzo.
  - Menú de Cena.
  - Menús Especiales.
    - Menú Cóctel.
    - Menú Español.
    - Lunch.
  - Menú Degustación.
  - Menú de Gala.
  - Menú de banquetes.
- **Según la variedad del menú.**
  - A la Carta.
  - Menús a precio fijo.
  - Menús para niños.
  - Menús dietético.
  - Otras fórmulas: Banquetes, jornadas gastronómicas, etc.

Vamos a desglosar la clasificación "según la hora en la que se sirvan" diferenciando en primer lugar, **el desayuno.**

Menú de Desayuno

Hay que tener en cuenta que es la primera comida que se hace al día.

La restauración oferta una serie de modalidades dependiendo de factores tales como la categoría o la tipología en la clientela. Éstas son:

Desayuno continental	Desayuno americano	Desayuno buffet

A continuación vamos a profundizar en cada una de las distintas modalidades de desayunos.

Desayuno Continental	Compuesto por: café, té o chocolate, bollería, diferentes tipos de panes y una selección de zumos. Es el más común de todos.
Desayuno americano	Caracterizado por ser más contundente que el anterior. A éste hay que añadirle cocina caliente (como salchichas, beicon y huevos fritos) y como cocina fría, una selección de cereales y de embutidos. Esta oferta es mucho más consistente que el anterior.
Desayuno Buffet	Se caracteriza por tener un precio cerrado en el que puedes comer una gran variedad, siendo ésta la principal diferencia con respecto a los dos anteriores.
	No obstante a éste debemos añadirle platos fríos, calientes, toda clase de bebidas, variedad de fruta y un surtido de alimentos integrales y dietéticos. Sin duda, esta oferta es la más atractiva.

Menú brunch

El siguiente grupo con el que nos encontramos dentro de la clasificación anterior es el **menú brunch**.

Su término viene de la **unión entre los conceptos Breakfast y Lunch**. La principal diferencia que existe con el anterior es respecto al horario ya que éste trata de una opción intermedio entre el desayuno y el almuerzo.

Su horario de inicio es sobre las once de la mañana y finaliza alrededor de las tres, o tres y media del mediodía. Suele tener precio cerrado y variedad de productos limitadas.

Menú de almuerzo o comida al mediodía

Destacable por ser el tercer grupo a desarrollar dentro de la clasificación "según la hora en la que se sirven". El menú de comida o almuerzo se caracteriza por:

Ofrecer diversos platos, dependiendo de la categoría del establecimiento.

Por lo general esta oferta está compuesta de tres o cuatro opciones de platos englobados en dos o tres grupos. La clasificación que se realiza de los mismos es que suelen incluirse las ensaladas, entremeses, pastas, sopas, arroces, etc. como primeros platos.

En cuanto a los segundos platos, suelen constituirlos los pescados, carnes, huevos, mariscos y carnes principalmente.

Para finalizar en los postres, los cuales pueden variar entre frutas, helados, repostería o postres caseros o de elaboración propia.

Menú de cena

La última comida que se hace al cabo del día es la cena. A diferencia del menú de comida o almuerzo, en ella los platos suelen ser más ligeros facilitando así la digestión de los mismos, aunque la variedad es amplia y dependerá siempre del gusto del comensal.

Menús especiales

Dentro de esta categoría podemos distinguir entre:

- Menú de cóctel
- Menú Español
- Lunch

Existen algunas variaciones dentro de los servicios a ofertar con respecto a lo convencional de un almuerzo o cena. El primero a comentar es el **menú de cóctel.**

- **Menú de Cóctel:** Se tratan de un servicio especial compuesto por una variedad de elaboraciones diferentes tales como apetitivos fríos o calientes y dentro de éstos, pueden ser dulces o salados.

  La bebida que se sirve en este tipo de menú suelen ser cervezas, distintos tipos de vinos, refrescos, aguas o zumos, aunque todo ello puede ser sujeto de modificación.

- **Menú español:**Destaca por ser una modificación del menú de cóctel.

  En este tipo de menú, tanto el montaje como la presentación del evento suele estar muy enfocada a la de los menús de cóctel, aunque prima que en éstos se sirven productos típicos españoles (sin diferenciar entre comidas o bebidas).

- **Lunch:** Caracterizado por servirse en un horario concreta, de doce del mediodía a tres de la tarde aproximadamente y por tener una composición similar a la del menú cóctel, si bien es verdad que suelen aumentar sus especialidades comparándolo con del cóctel.

  Se sirve acompañado de todo tipo de bebidas. Se da en eventos tales como bautizos, bodas, comuniones, etc.

Menú degustación

Otra las variantes que se ofrece según la hora en la que se sirven.

El **menú degustación**:Consiste en poder ofrecerles a los comensales una selección de platos elaborados (previamente escogidos por éstos), en la que el establecimiento conjugando la presentación y elaboración de los mismos, teniendo como objetivo el intentar impresionarlos para que finalmente sea contratado.

Menú de gala

Se enmarca dentro de la clasificación "según la hora en la que se sirven" y se caracteriza, principalmente porque se suele usar en fechas concretas debido a que este tipo de menú ofrece platos más ostentosos y más elaborados donde la materia prima con la que se trabaja es más cara, conllevando a que se encarezcan los mismos.

Menú de banquetes

Otra de las variaciones que engloba el menú según la hora en la que se sirven, es el **menú de banquetes**.

El **menú de banquetes** es un servicio ofrecido de manera colectiva, necesitando disponer de salones o salas de gran capacidad y de cocinas con instalaciones y equipos acordes para el mismo.

Como característica principal de este tipo de menú destacamos que cuenta con un menú fijo a precio cerrado el cual se sirve en los eventos más usuales tales como las bodas, bautizos, comuniones, comidas de empresas, reuniones, etc.

También podemos destacar de éste que al ser un servicio concertado, conlleva que trabajen con un mínimo de personal fijo, reforzado con personal eventual para el día de un evento en concreto.

Con respecto a la oferta gastronómica que se sirve en este tipo de menú, podemos señalas que la gama es muy amplia a la hora de elaborar un menú acorde, no debiendo olvidarnos de algunas variables tales como la situación del mercado, el perfil del cliente o la estacionalidad.

Una vez finalizada la clasificación del menú "según la hora en la que se sirven", vamos a especificar los distintos tipos de menú que se enmarcan dentro de la categoría "**según la variedad del menú**".

Carta

La carta es el documento que reúne todos los platos que compone la oferta gastronómica del establecimiento, agrupados en series y con los precios señalados.

El número de series variará en función del tipo y formula de restauración que haya elegido el restaurante. Un restaurante gastronómico deberá ofrecer las ocho series clásicas, con una variación de seis a diez que siguen la estructura de los Grupos de Alimentos.

La carta se caracteriza por:

- Indicar los precios de los distintos platos y especialidades.
- Ofrece al cliente escoger el menú deseado dependiendo de su poder adquisitivo o de los gustos y apetencias.
- Agruparse por categorías o series, las más comunes son: entremeses fríos y calientes; sopas, cremas y consomés; verduras y ensaladas; pastas y arroces; pescados y mariscos; carnes y por último, postres.
- También podemos distinguir dentro de ella, la carta de bebidas normalmente dividida en bebidas no alcohólicas y bebidas alcohólicas.

Últimamente se tiende a confeccionar un número concreto de platos por series o categorías dependiendo de factores tales como el volumen de actividad que posea el establecimiento, la innovación o la cocina de mercado. Todo ello conlleva a:

- Simplificar la elección de los platos calientes.
- Consensuar con la cocina las necesidades de materias primas con la elaboración de los platos.
- Mejorar la presentación de platos y presentar novedades gastronómicas.

Menú a precio fijo

Dentro de la clasificación en la que estamos, el **menú a precio fijo** se caracteriza porque una gran parte de los establecimientos hoteleros ofertan a sus clientes diferentes tipos de menú mediante el pago de un precio previamente conocido por ellos. En él, la bebida puede estar o no incluida en el precio, normalmente se especifica.

Entre ellos podemos señalar:

Menú único, concertado y a precio fijo	Menú-carta o menú a precio fijo con posibilidad de elección	Otras posibilidades de menú

Menú para niños

Como otra variedad dentro de la clasificación que estamos mencionando, podemos señalar el **Menú para niños.**

En general, están compuestos por platos que les gustan a los niños pequeños en general, son poco elaborados, con cantidades en proporción a ellos y de bajo coste, por lo que su precio es menor que el de cualquier menú de adultos.

Normalmente se suelen dar en establecimientos vacacionales o lugares donde las familias con niños pequeños sean una gran parte de sus clientes.

Menú dietético

Otra de las variedades es el **menú dietético**. Éste cuenta con unas características principales tales como:

- Elaboraciones sencillas.
- Perfectas presentaciones.
- Posibilidad de adaptación del menú a distintas dietas tales como: hiposódica, hipocalórica, etc.

Otras fórmulas (como por ejemplo el Menú para jornadas gastronómicas)

Es la ultima variación que se enmarca dentro de la clasificación "según a la hora en la que se sirvan". Suele darse en ciertos establecimientos que tienen un renombre, prestigio, etc. En ellos se acuerdan demostraciones gastronómicas con los productos típicos.

4.4. Cálculo de necesidades de aprovisionamiento para confección de ofertas

Identificación de necesidades

El departamento usuario solicita a compras los requerimientos de materias primas y bienes y servicios necesarios, con sus especificaciones lo más concisas posible, tal y como se reflejan en el manual de especificaciones de artículos.

Los alimentos los separaremos en dos grupos: **perecederos y no perecederos**.

En los primeros se incluyen alimentos frescos y en los segundos, alimentos conservados por algún procedimiento y productos no alimenticios. Por eso, las especificaciones deben ser muy claras.

En los **alimentos perecederos**, las cantidades que se han de comprar las define el jefe de cocina para uno o varios días, según la previsión de producción y dependen de:

- Los stocks disponibles en el establecimiento.
- La composición de los menús, cartas, sugerencias y platos del día.
- La previsión del número de clientes que debe atenderse.
- La caducidad o fecha límite de utilización óptima.

En los **alimentos no perecederos**, la determinación de la necesidad es imprescindible para hacer las propuestas de compra estrictamente necesarias, requiriendo para ello una información precisa de:

- Demanda de compra de los diferentes departamentos.
- Análisis de los stocks de forma permanente. Establecimiento del Stock máximo y mínimo por artículo y determinación de la rotación del stock.
- Tamaño y capacidad del almacén y cámaras del mismo.
- Fecha de caducidad del producto.
- Capacidad y política financiera del establecimiento.

UD4

lo máS importante...

- Las ofertas gastronómicas quedan incluidas en el concepto "producción de servicios" o "servuccion".

- La "servuccion" engloba algunos aspectos tales como: los clientes y su tipología, el soporte físico y el personal en contacto con el cliente.

- La oferta gastronómica más significativa se divide en restauración hotelera y restauración extra-hotelera, también llamada food-service.

- Debemos mencionar que los principales tipos de ofertas se desglosan en: menú, carta, sugerencias del día, ofertas especiales, menús buffet, etc.

UD4

autoEvaluación

1. La “servuccion” engloba algunas aspectos tales como:

a) Los clientes así como su tipología y el personal que este en contacto con éstos.

b) Los clientes y su tipología, el soporte físico y el personal en contacto con el cliente, es decir, lo empleados de primera línea.

c) Únicamente los clientes y el soporte físico, es decir todo lo relacionado con los medios materiales.

d) Ninguna de las respuestas anteriores es correcta, ya que al provenir de servicio y uccion, no guarda relación alguna.

2. ¿Cuántos grupos podemos clasificar como variables de las ofertas gastronómicas?:

a) Cuatro. Comidas de ocio, comidas de negocio, banquetes y ceremonias y comidas infantiles.

b) Cuatro. Comidas de ocio, comidas de negocio, comidas dietéticas y banquetes y ceremonias.

c) Cuatro. Comidas de ocio, comidas de negocio, comidas infantiles y comidas dietéticas.

d) Cuatro. Comidas de ocio, comidas de negocio, banquetes y ceremonias.

3. ¿En que se caracterizan las comidas dietéticas?:

a) Son comidas en las que los clientes no se preocupan por su conocimiento en materia de nutrición, existiendo la creciente necesidad de comer en el hogar. En ellas, el cliente puede elegir un menú dietético al mismo tiempo que disfruta de su descanso laboral, todo esto en su hogar.

b) Son comidas en las que los clientes poseen desconocimiento del resto de comidas, sin embargo, la restauración tiene la obligación de estar informado en ello puesto que por razones laborales, tienen la necesidad de comer fuera del hogar.

c) Son comidas en las que el cliente solo come productos naturales, no ingiriendo nada de carnes ni pescados.

d) Son comidas en las que los clientes tienen un mayor conocimiento en materia de nutrición, existiendo la creciente necesidad de comer fuera del hogar por razones laborales, ya sea restauración tradicional o social. En ellas, el cliente puede elegir un menú dietético al mismo tiempo que disfruta de su descanso laboral.

4. ¿Con qué otro nombre se conoce la restauración extra-hotelera?:

a) Good-service.

b) Food-service.

c) Fast-food.

d) Service-food.

5. Dentro de un hotel de primera categoría existen distintas variaciones gastronómicas. ¿Cuál de ellas es correcta?:

a) Neveras y congeladores en habitaciones, servicio de habitaciones o room-service y restaurante de comida nacional.

b) Grill, neveras de habitaciones, servicio de habitaciones o room-service, cafetería, cóctel bar y discoteca, entre otros.

c) Cafetería y restaurante gastronómico de especialidades, únicamente.

d) Ninguna de las respuestas anteriores es correcta.

6. ¿Cómo surge el menú?:

a) Por la necesidad de recoger todos los platos e indicar sus precios.

b) Por la necesidad de recoger todos los platos que se ofertan en el establecimiento en una relación escrita.

c) Por la necesidad de captar más clientela.

d) Por conocer los alimentos y platos que más se consumen en el establecimiento, consiguiendo así una previsión más eficaz.

7. ¿En cuántos grupos se clasifica el menú?:

a) En dos, según la hora en la que se sirven y según el precio del mismo.

b) En dos, según la hora en la que se sirven y según la variedad del menú.

c) En dos, según el orden de sus platos y según el precio.

d) Ninguna de las respuestas anteriores es correcta.

8. ¿Cuál es la principal diferencia entre el desayuno continental y el desayuno buffet?:

a) Que el desayuno buffet tiene el precio cerrado y puedes comer gran variedad de forma contundente y se compone de cocina caliente y cocina fría.

b) Que el desayuno buffet tiene el precio cerrado y puedes comer gran variedad de cocina fría.

c) Que el desayuno buffet cuenta con platos calientes incluidos en el mismo.

d) Ninguna de las respuestas anteriores es correcta.

9. ¿En que se caracteriza el lunch?:

a) Es un menú que se puede servir tanto para el almuerzo como para la cena.

b) Es un menú que se sirve en una hora concreta, suele ser de doce del mediodía a tres de la tarde y con una composición similar a la del menú brunch.

c) Es un menú que se sirve en una hora concreta, suele ser de doce del mediodía a tres de la tarde y con una composición similar a la del menú lunch.

d) Ninguna de las respuestas anteriores es correcta.

10. ¿Cuál es la principal característica del menú de gala?:

a) Todos los comensales deben ir vestidos de gala o de media gala.

b) Solo se sirve en cenas y los comensales deberán ir vestidos acordes para la ocasión.

c) Se encuentra dentro de la clasificación, "según la variedad que se sirva" y se caracteriza porque los comensales deberán ir vestidos acordes para la ocasión.

d) Se encuentra dentro de la clasificación "según la hora en la que se sirven" y se caracteriza porque se suele usar en fechas concretos debido a que este tipo de menú ofrece platos más ostentosos, donde la materia prima con la que se trabaja es más cara.

hostelería y turismo

UD 5

Nutrición y Dietética

5.1. Grupos de alimentos
5.2. Diferencia entre alimentación y nutrición
4.3. Relación entre grupos de alimentos, nutrientes que los compongan y necesidades energéticas, funionales y estructurales del organismo humano
5.4. Caracterización de los grupos de alimentos
5.5. Aplicación de los principios dietéticos al elaborar ofertas gastronómicas dirigidas a distintos colectivos. Peculiaridades de la alimentación positiva

hostelería y turismo

5.1. Grupos de alimentos

Los Alimentos: el concepto de alimentos engloba tanto a los productos sólidos como a los líquidos que una persona ingiere y de los cuales el organismo obtendrá los nutrientes que necesita para vivir y desechará los que no les sea útil.

La nutrición: consiste en conseguir todos los nutrientes que poseen los alimentos, haciéndolo llegar a todas las células del cuerpo humano. Todo ello se lleva a cabo mediante un conjunto de procesos físicos y químicos.

Podemos afirmar que los nutrientes son compuestos químicos que contienen los alimentos, los cuales aportan una serie de células al organismo, necesarias para poder vivir.

Con todo esto podemos diferenciar "**La Rueda de los alimentos**", estructura según la cual se agrupan los alimentos dependiendo de los nutrientes que predominan en cada uno de sus grupos. Está compuesta por siete grupos de alimentos distintos.

A continuación, vamos a explicar y desarrollar los distintos grupos de alimentos

- **Grupo 1**: Leche y derivados.
- **Grupo 2**: Carnes y pescados y huevos.
- **Grupo 3**: Formado por legumbres, frutos secos y patatas.
- **Grupo 4**: Son las verduras y hortalizas. Son alimentos reguladores.
- **Grupo 5**: Son las frutas.
- **Grupo 6**: Son los cereales.
- **Grupo 7**: Son las mantecas y aceites.

Grupo I: Leche y Derivados	Son los llamados Alimentos plásticos. Predominan las proteínas. La leche puede sustituirse por sus derivados, tales como: quesos, yogurt, helados, etc.
Grupo II: Carnes, Pescados y Huevos	Son los llamados alimentos plásticos. Predominan las proteínas.
Grupo III: Legumbres, Frutos Secos y Patatas	Son los llamados alimentos energéticos, plásticos y reguladores. Predominan los Glúcidos y también poseen grandes cantidades de proteínas.
Grupo IV: Verduras y Hortalizas	Son los llamados alimentos reguladores. Predominan las vitaminas y minerales.
Grupo V: Frutas	Son los llamados alimentos energéticos. Predominan los glúcidos.
Grupo VI: Cereales	Son los llamados alimentos energéticos. Predominan los glúcidos.
Grupo VII: Mantecas y Aceites	Son los llamados alimentos energéticos. Predominan los lípidos.

El agua

En la actualidad, el Agua constituye más del 63% de nuestro organismo, llegando incluso a alcanzar el 70 % en las personas adultas.

El agua es el componente más cuantioso de nuestro organismo.

El agua constituye la composición de tejidos y órganos y es el medio en el que se llevan a cabo todos los fenómenos químicos, siendo por esto por lo que beber abundante agua al cabo del día es aun más importante que alimentarse en sí.

No obstante, hemos de tener en cuenta que existen muchos alimentos de los cuales su composición es un alto porcentaje de agua.

5.2. Diferencia entre alimentación y nutrición

Debemos diferenciar estos dos conceptos puesto hablar de la alimentación y hablar de la nutrición no es lo mismo, aunque están muy relacionados entre sí.

Hay que destacar que una persona puede comer en abundancia y estar por tanto alimentada, pero no necesariamente estará bien nutrida, pues si al alimentarse no toma todos los nutrientes necesarios, por mucho que se alimente no conseguirá estar bien nutrido.

Los nutrientes son necesarios para las células, para que éstas puedan funcionar correctamente y por tanto, podamos vivir. El cuerpo humano está compuesto por células, por lo que si éstas reciben todos los nutrientes necesarios podremos afirmar que nuestro cuerpo estará sano.

No obstante, vamos a profundizar un poco más en dichos conceptos para tener un concepto más concreto de los mismos.

La alimentación es conocida como la forma que tiene el organismo de adquirir una serie de sustancias que le son necesarias para vivir denominados alimentos.El ser humano se alimenta para vivir aunque existan razones secundarias tales como que le guste comer, que disfrute comiendo o por puro placer gastronómico.

La nutrición sin embargo se trata de un conjunto de procesos fisiológicos mediante los cuales el cuerpo humano absorbe y convierte las sustancias químicas que contienen los alimentos con el fin de tener una vida más sana.Algunos de estos procesos son la digestión, la absorción o el transporte de los distintos nutrientes de los alimentos a los tejidos, eliminando lo que al cuerpo humano no le es necesario.

El estado de salud de una persona puede depender de la calidad de los nutrientes que posean las células que éste ingiera en los distintos alimentos.

Debido que no podemos proceder en nuestros procesos de nutrición, debemos mejorar en lo que si podemos actuar, es decir, en nuestros hábitos de alimentación.

5.3. Relación entre grupos de alimentos, nutrientes que los componen y necesidades energéticas, funcionales y estructurales del organismo humano

Como hemos visto en apartados anteriores, los alimentos contienen un gran número de sustancias químicas, entre los cuales destacamos los nutrientes.

Nutrientes: son las estructuras químicas que el organismo necesita para llevar a cabo todas las funciones fisiológicas esenciales de nuestra vida, tanto las habituales del día a día como las esporádicas.

La leche materna es el único alimento que podemos considerar “completo”, en el caso de un recién nacido. No obstante, no existe el alimento totalmente completo si bien cabe destacar que cuando hablamos de alimento completo nos referimos a aquel que es capaz de suministrar por sí mismo, todos los nutrientes necesarios. Es por ello por lo que la comida que ingerimos debe proporcionar al cuerpo humano una mezcla considerada de alimentos, puesto que cuando una dieta suministra nutrientes en cantidades apropiadas al cuerpo humano, ésta es capaz de garantizar que se desarrolle sin ningún tipo de problema, manteniéndose en buen estado de salud.

Para obtener una dieta adecuada hemos de tener una dieta equilibrada y los más variada posible. Tal variación se conocerá si explicamos las tres funciones que pueden poseer los nutrientes.

Estas funciones son:

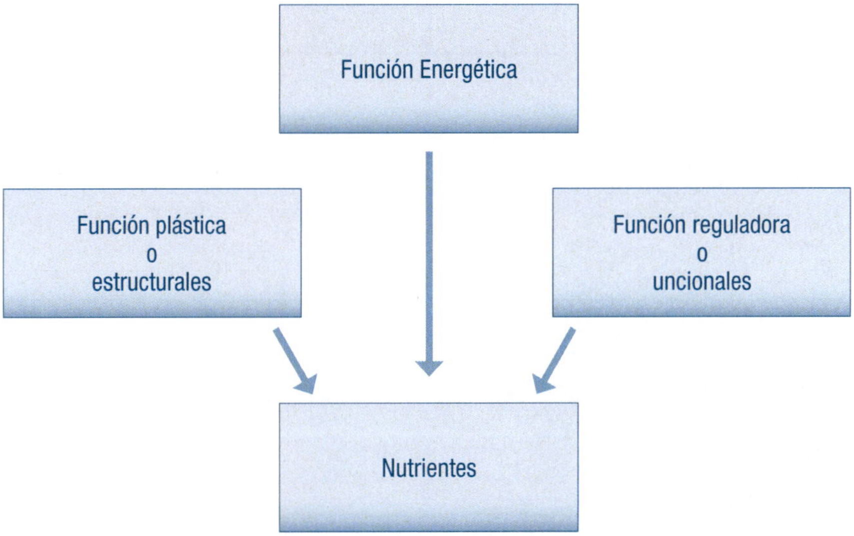

A continuación vamos a desarrollar cada una de las distintas funciones.

- Función Plástica o estructuales
    - De ella se encarga principalmente las sales minerales y las proteínas.
    - En ella podemos realizar nuestra materia propia, es decir, podemos crecer y reparar lo dañado.
- Función Energétia
    - De ella se encargan los glúcidos y los lípidos.
    - Su principal función a destacar es la de poder liberar la energía para todo lo que llevamos a cabo a lo largo del día.
- Funcion reguladora o Funcional
    - Los principales son: las vitaminas, las sales minerales y las proteínas.
    - Es la encargada de mantener el equilibrio en los procesos de absorción, por un lado y de utilización de los alimentos que el organismo necesita, por otro.

Los nutrientes se clasifican según su proporción en:

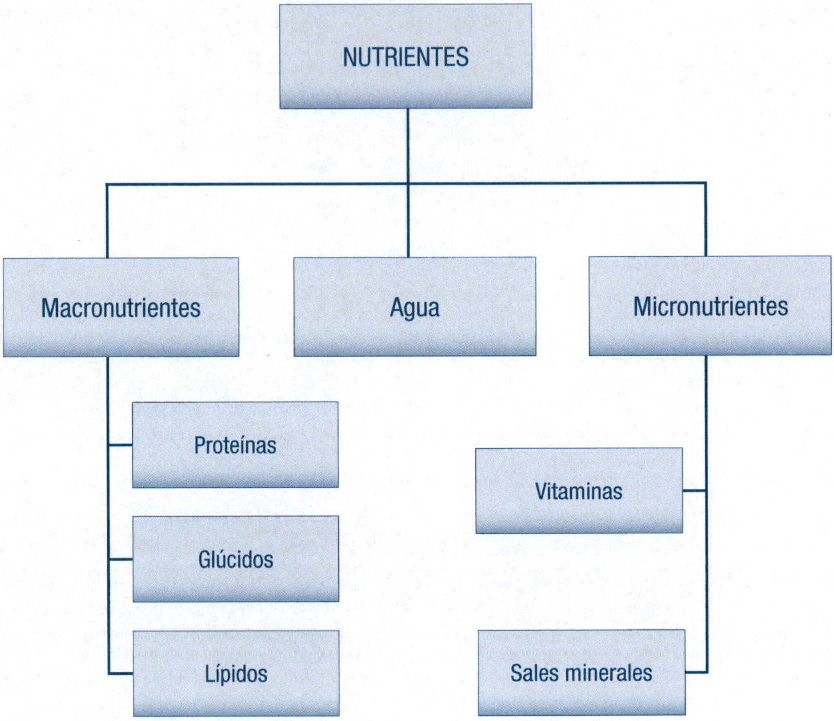

Los Macronutrientes

Si bien podemos confirmar que los tres grupos de macronutrientes pueden ser distintas fuentes de energía, también podemos confirmar que nuestro cuerpo se ha adecuado para que las proteínas eviten esta función y se reserven para la función plástica o estructural.

En cuanto a los otros dos restantes, podemos afirmar que ambos tienen carácter energético pero los lípidos muestran una ventaja frente a los glúcidos ya que suministran el doble de energía.

La problemática que presenta es que nuestro aparato digestivo cuenta con una capacidad limitada para absorber las grasas de la dieta, por lo que la función energética recurre de manera principal sobre los glúcidos asimilables.

Dicho lo anterior, vamos a analizar cada uno de los distintos nutrientes de forma individual.

Las Proteínas

Son moléculas encargadas de formar y/o reparar nuestros tejidos, cuya función principal es la plástica.

Si lo estudiamos desde el punto de vista químico, podemos afirmar que son grandes moléculas compuestas por C, O, H y N. Una proteína está formada por monómeros llamados aa, (aminoácidos) u otros compuestos nitrogenados.

La atribución principal de las proteínas a nuestra dieta son los aminoácidos (aa), los cuales son la fuente de nitrógeno que el cuerpo humano necesita para constituir otros aminoácidos (aa), u otros compuestos nitrogenados.

Existen cerca de veinte aminoácidos (aa) diferentes combinables para constituir proteínas, de los cuales diez se denominan **No Esenciales** ya que necesariamente no habría que consumirlos en la dieta, sino que los podemos sintetizar a raíz de los glúcidos o los lípidos. No obstante, no poseemos rutas metabólicas para sintetizar los otros diez aa, por lo que es necesario que los aportemos en la dieta, es por ello por lo que se denominan, **Esenciales.**

En relación a lo anterior, debemos señalar que una dieta tiene que componerse de ambos tipos de aa, por un lado los aa **esenciales** y por otro, determinadas cantidades de **no esenciales**, ya que éstos los utilizamos como fuente nitrogenada.

Para finalizar destacamos que, la cantidad de nutrientes que posee una proteína dependerá de la cantidad de aminoácidos (aa) esenciales que contenga. Por lo que, las proteínas de origen animal tienen los aa esenciales, además de otros.

En las de origen vegetal, suele faltar uno o más, por lo que tienen menos valor biológico.

Las carnes, pescados, huevos, leche y sus derivados, son fuentes de proteínas animales mientras que las legumbres, los cereales y los frutos secos, son fuentes de proteínas vegetales.

Los Glúcidos

Se caracterizan por ser moléculas compuestas por C, H y O y por constituir la fuente principal de energía de nuestro organismo.

Diferenciamos dos tipos fundamentales de glúcidos, los cuales son:

- **Glúcidos simples:** son los que están compuestos de uno o más monómeros (mono y disacáridos). Podemos señalar como ejemplos de glúcidos simples la sacarina, la glucosa, la lactosa y la fructosa.

- **Glúcidos compuestos:** denominados así por ser moléculas más grandes o polisacáridos. Podemos señalar como ejemplos de glúcidos compuestos la celulosa, el almidón y el glucógeno.

No obstante e independientemente de su composición, después de la digestión pasan a la sangre y se reparten a las distintas células. Con respecto a todo ello, el glúcido más importante para las distintas reacciones metabólicas es la **Glucosa**, ya que es el elemento que toma la célula, la degrada y obtiene su energía.

Debemos destacar que la principal fuente de Glúcidos asimilables además de los azucares simples, son los **almidones de los vegetales**.

Si nuestro cuerpo sufre un **exceso de glucosa** ésta la almacena en forma de glucógeno en el hígado pero, si los **niveles de glucógeno se saturan**, se ponen en marcha rutas metabólicas de litogénesis, es decir que se transforman en moléculas de ácidos grasos que se almacenan en el **tejido adiposo.**

Las funciones de los Glúcidos en la dieta son principalmente tres, y se resumen en las siguientes:

- Fuente energética. (La más importante)
- Síntesis de ácidos grasos y de algunos aminoácidos
- Formacion de importantísimos compuestos orgánicos (ADN, ARN).

Los Lípidos

Los más comunes en los seres humanos son los aceites y las grasas.

Nuestro organismo necesita tomar lípidos en su dieta puesto que puede usarlos como fuente de ácidos grasos y como fuente de energía, en especial los polinsaturados, que no podemos sintetizarlos y sin embargo son necesarios para construir determinados compuestos esenciales.

> **Ácido Graso:** Es un ácido orgánico con una cadena carbonada larga. Según el tipo de enlace entre los carbonos, los ácidos grasos pueden ser saturados (solamente enlaces simples) o insaturados (con uno o más dobles o triples enlaces).

La **función nutricional de los lípidos** en la dieta es bastante variada, pues podemos señalar tres aspectos fundamentales:

- Como estructuras químicas imprescindibles para sintetizar sustancias esenciales o para desarrollar funciones diversas.
- Como vehículos conductores de vitaminas liposolubles.
- Como estructuras químicas que pueden suministrar el mayor nivel de energía cuando son utilizadas por las células, (más energéticas que los glúcidos pero más difíciles de digerir).

Los alimentos de origen animal (la carne, los embutidos, el tocino, el pescado azul...) y los de origen vegetal (el aceite de soja, el de maíz, el de oliva,...) son **alimentos ricos en lípidos**.

Nuestro organismo si puede almacenar grasas ingeridas en exceso, a diferencia de lo que sucede con las proteínas. Lo hace en el tejido adiposo de reserva.

Recientemente está alcanzando un mayor interés la relación que existe entre los ácidos grasos, un tipo de colesterol y algunas enfermedades coronarias o de origen cancerígeno.

El resultado de estas investigaciones recomienda que la dieta occidental deba reducir los altos contenidos en grasas, equilibrando la relación entre las grasas saturadas y las insaturadas.

Los Micronutrientes

Las Vitaminas

Denominadas así porque su presencia en la dieta corresponde a cantidades muy reducidas, al igual que ocurre con las sales minerales.

Son compuestos orgánicos de estructura variada con funciones vitales y específicas imprescindibles para la vida que al ingerirlos de manera equilibrada promueven un funcionamiento fisiológico correcto. La mayoría de las vitaminas cuentan con una peculiaridad común, es la de que no pueden ser elaboradas por nuestro organismo, por lo que deber ser aportados mediante los alimentos de nuestra dieta.

Las vitaminas se consideran nutrientes importantes en nuestra alimentación para evitar determinadas patologías.

Si llevamos a cabo una dieta equilibrada y variada, las vitaminas en nuestro organismo están garantizadas. Sin embargo, la falta de éstas puede llegar a provocar determinadas enfermedades específicas. No obstante, debemos tener en cuenta que el consumo de ciertas vitaminas en elevadas dosis también pueden llevarnos a una acción distinta de la que debiera tener.

Debemos tener en cuenta que es necesario tener en cuenta la delicadeza que muestran determinadas vitaminas frente a algunos agentes físicos o químicos, ya sean el calor, la luz, los ácidos, etc.

Es por ello, por lo que las vitaminas deben de estar sometidos a tratamientos específicos de elaboración. Al hilo de esto, cabe mencionar que la congelación de los alimentos no destruye las vitaminas.

Las Sales Minerales

Conocidas como las moléculas o elementos inorgánicos que cumplen determinadas funciones en nuestro organismo.

Hemos de tener en cuenta que no todos las personas necesitan la misma cantidad de sales minerales, es por ello por lo que se divide en: algunos mayoritarios (Ca, FE..) y otros los cuales consideramos como elementos traza, (Cu, Co, etc..)

Las Sales Minerales también cumplen un papel muy importante en nuestro organismo, por lo que su ausencia puede llegar a provocar determinadas enfermedades carenciales.

Una dieta equilibrada y variada cubre las necesidades minerales necesarias para estar sano.

El Agua:

Los seres humanos pueden vivir varios meses sin alimento, sin embargo solo sobrevivirían determinados días sin agua. Con ello podemos concluir que el agua es el componente principal de los seres vivos.

Como dato importante cabe señalar que el **cuerpo humano al nacer posee un 75% de agua** y aproximadamente **un 60% cuando es adulto**.

Cerca del 60% del agua de cuando se es adulto se localiza en el interior de las células (agua intracelular). El resto (agua extracelular) es la que circula por la sangre y baña los tejidos.

Es en el agua de nuestro organismo donde se dan las distintas reacciones que nos permiten estar vivos. Esto es posible debido a que los enzimas (son los agentes proteicos que intervienen en la transformación de las sustancias que se usan para adquirir la energía y síntesis de la materia prima) precisan de un medio acuoso para que su estructura tridimensional acoja una forma activa.

El agua es muy importante para nuestro organismo puesto que es el medio por el que se transporta el oxigeno y los nutrientes a nuestros tejidos. También cumple la función de descartar de nuestro organismo todos los productos de desecho y residuos del metabolismo celular.

Gracias a la capacidad de evaporación que posee el agua, podemos regular nuestra temperatura mediante el sudor o perdiéndolas por las mucosas, en el supuesto en el que las temperaturas exteriores sean elevadas.

En las reacciones de combustión de los nutrientes, las cuales se llevan a cabo en el interior de las células para obtener energía, se producen pequeñas cantidades de agua, las cuales serán mayores al oxidar las grasas. El agua que se produce en la respiración celular se denomina **agua metabólica**, siendo imprescindible para los animales adaptados a condiciones desérticas como por ejemplo los camellos. Si estos animales pueden aguantar una serie de meses sin beber agua, se debe a que usan el agua que se produce al quemar la grasa acumulada. Sin embargo, en los humanos, la producción de agua metabólica con una dieta normal no supera los 0.3 litros al día.

Necesidades diarias de agua:

Para un correcto funcionamiento de los procesos de asimilación y lo más importante, para eliminar los residuos del metabolismo celular, es sumamente importante consumir una elevada cantidad de agua diaria. Lo recomendable es beber como mínimo una media de dos litros de agua al día, de ellos podemos obtener una parte mediante los alimentos que ingerimos.

Recomendaciones sobre el consumo de agua:

El ser humano conseguirá disminuir el grado de acidez en el estomago al diluir los jugos gástricos mediante el consumo de grandes cantidades de agua antes o después de las comidas. Esto conlleva que las enzimas (las cuales necesitan un cierto grado de acidez para poder actuar), queden inactivas, provocando una ralentización en la digestión. Todas las enzimas que no permiten actuar debido al descenso de la acidez, pierden eficacia al quedar diluidas. Añadiendo a ello que si las bebidas que consumimos mientras comemos están frías, la digestión se ralentizará más ya que la temperatura del estómago disminuye.

Lo ideal es que bebamos en los intervalos entre comidas, entre dos horas después de comer y media hora antes de la siguiente comida. También es muy saludable beber uno o dos vasos de agua nada más levantarse, en ayuna, consiguiendo activas los mecanismos de limpieza del organismo y una hidratación mejor.

Casi toda la población prefiere consumir agua mineral o de una fuente o manantial de confianza, al agua del grifo debido a los **altos niveles de compuestos químicos** (cloro o el flúor entre otros) que éstas poseen. Dichos compuestos son necesarios para evitar la contaminación microbiológica pero pueden resultar peligrosos para el consumo ya que, si las tuberías por donde el agua circula hasta que llega al grifo están hechas de plomo este metal se disuelve en el agua que consumimos siendo tóxico para el organismo dando lugar a enfermedades graves.

5.4. Caracterización de los grupos de alimentos

Por la composición nutricional, cantidad de proteínas, hidratos de carbono, lípidos o agua, los alimentos se agrupan en distintos conjuntos de alimentos.

Los alimentos que se encuentran dentro de cada grupo, son equivalentes y permiten que nuestra dieta sea variada si los intercambiamos correctamente.

A continuación vamos a desarrollar los distintos grupos de alimentos que existen.

- **Grasas**

  Este grupo incluye la mantequilla, la margarina, los aceites vegetales y el sebo aunque éste último cada vez está más en desuso para la cocción de los alimentos. Se usan principalmente en la bollería industrial y en la elaboración de alimentos congelados. Estas grasas poseen características diferentes.

- **Verduras y Hortalizas**

  Las hortalizas son cualquier planta que se puede usar como alimento ya sea cocinado o cruda, según el Código Alimentario Español (CAE).

  Las verduras son las hortalizas en las que sus órganos verdes son las partes comestibles.

  Ambas tienen en común el elevado contenido en agua y su mínimo aporte en grasa. Destacable también será su gran contenido en vitaminas, minerales, sustancias antioxidantes y fibra.

  Se venden en latas, frescas, congeladas o secas. Las podemos consumir cocidas o crudas, mostrándose con una amplia variedad: zumos, ensaladas, sopas, cremas, complemento de un plato, etc.

- **Frutas**

  Son una gran fuente de agua, vitaminas y fibra. Contienen gran cantidad de azúcar que por lo general no suele ser preocupante. Aportan la mayor parte de sustancias antioxidantes de nuestra dieta, junto con las verduras.

  Normalmente se consumen al final de las comidas, no obstante, son una buena opción también en el desayuno.

- **Carnes, pescados y huevos**

  La gran mayoría de los alimentos que componen este grupo, aportan proteínas, siendo éstas fácilmente asimilables por el organismo.

  Poseen hierro y vitaminas del grupo B, además de elevadas cantidades de grasas (colesterol y grasas saturadas) cuyo consumo se asocia a enfermedades cardiovasculares.

Carnes y derivados:

Son importantes en la dieta diaria. Se recomienda un consumo moderado y alternarlo con otros alimentos menos grasos ya que, un consumo excesivo de carnes y sus derivados aumenta el riesgo cardiovascular debido a los aportes de ácidos grasos saturados, colesterol y sodio. Es recomendable controlar el consumo de carne roja así como de embutidos en general, mientras que el conejo y las aves pueden consumirse de forma regular (exceptuando el pato)

Pescados:

Su contenido en grasas es muy parecido al de las carnes, a diferencia del aporte de grasas, que es mucho menor (pescado blanco menor al 5% y el pescado azul del 10% o superior).

Ricos en vitaminas A, D y algunos minerales como el potasio, yodo y fósforo. Además poseen menos hierro que las carnes.

Debemos tener en cuenta que si están conservados, el contenido en sal es mayor.

En cuanto a los mariscos, éstos poseen poca grasa y una mayor cantidad de colesterol sobre todo en las cabezas de los mismos.

Los cefalópodos contienen cantidades despreciables de grasas y son una fuente de proteínas importante.

Huevos:

Debemos diferenciar las aportaciones que conllevan la clara y la yema.

La clara contiene proteínas de elevado valor biológico mientras que la yema contiene lípidos, siendo la responsable del aporte calórico del huevo.

Además, el hueve posee hierro, vitaminas liposolubles A y E y vitaminas del grupo B.

Las variedades de consumo y cocción son infinitas. Se consideran las proteínas de mejor calidad. Es importante saber que el consumo del huevo deberá limitarse a 2 o 3 a la semana.

Cereales y derivados. Legumbres

Cereales y Derivados:

Principalmente lo componen los hidratos de carbono también conocidos con el nombre de glúcidos.

Destacable su fibra y su aporte en vitaminas del grupo B, sobre todo si son integrales.

- **Legumbres:**

  Contienen un alto valor proteico y son bajos en grasas. Recomendables en un consumo de 2 o 3 veces por semana ya que poseen aporte en fibra.

- **Frutos secos, azúcares, dulces y bebidas azucaradas**

  - **Frutos secos:**

    Poseen en alto valor en grasas y energía. Considerados como una gran fuente de calcio, cobre, vitamina E, fibra y fósforo. Pueden consumirse como ingredientes de determinados platos o en ensaladas.

    Su contenido en grasas insaturadas es elevado mientras que el de las grasas saturadas es mínimo.

  - **Azúcares, dulces y bebidas azucaradas:**

    Los dulces y las bebidas azucaradas aportan una elevada cantidad de energía y no aportan nutriente esencial alguno. Favorecen el desarrollo de la caries dental o de la obesidad.

    Asimismo el consumo de estos alimentos puede desplazar la ingesta de otros alimentos más nutritivos. La bollería y pastelería industrial contiene importantes cantidades de azúcares y grasas.

5.5. Aplicación de los principios dietéticos al elaborar ofertas gastronómicas dirigidas a distintos colectivas. Peculiaridades de la alimentación colectiva

Tipos de necesidades nutricionales y equilibrio alimentario

Dieta equilibrada

Es aquella que contiene todos los alimentos necesarios para conseguir un estado nutricional óptimo. Este estado de gracia nutricional es aquel en que la alimentación cubre los siguientes objetivos:

- Aportar una cantidad de nutrientes energétivos (caloriías) que sea suficiente para llevar a cabo los procesos metabólicos y de trabajo fisico necesarios.
- Suministrar suficientes nutrientes con funciones plasticas y reguladoras. Que no falten pero que tampoco sobren.
- Que las cantidades de cada uno de los nutrientes estén equilibradas entre sí.

El grupo de expertos de la FAO OMS (Helsinki 1988), estableció las siguientes proporciones:

- Las proteínas deben suponer un 15 % del aporte calórico total, no siendo nunca inferior la cantidad total de proteínas ingeridas a 0,75 gr/día y de alto valor biológico.
- Los glúcidos nos aportarán al menos un 55-60 % del aporte calórico total.
- Los lípidos no sobrepasarán el 30 % de las calorías totales ingeridas.

Algo en principio muy sencillo, pero que aún hoy es el campo de batalla de cuatro quintas partes de la humanidad.

DIieta mediterránea

Veamos sus principales características:

- Abundancia de alimentos de origen vegetal: pan, pasta, arroz, frutas, verduras, cereales, legumbres y patatas.
- Consumir alimentos de temporada en su estado natural, escogiendo siempre los más frescos.
- Utilizar el aceite de oliva como grasa principal, tanto para freir como para aderezar.
- Consumir diariamente una cantidad moderada de queso y yogur.
- Consumir semanalmente una cantidad moderada de pescado, (preferentemente azul), aves y huevos.
- Consumir frutos secos, miel y aceitunas con moderación.
- La carne roja algunas veces al mes.
- Consumir vino con moderación normalmente durante las comidas y preferentemente tinto.
- Utilizar las hierbas aromáticas como una alternativa saludable a la sal.
- Realizar alguna actividad física regular para hacer trabajar al corazón y mantener en forma nuestras articulaciones y nuestro tono físico

Dieta disociada

> Se basa en la ingesta separada de los distintos grupos de alimentos, sobre todo hidratos de carbono y proteínas. Aunque puede ayudar a adelgazar, puede ser peligrosa para la salud.

La dieta disociada no se basa en la limitación de la cantidad de alimentos, sino en su distribución en las veinticuatro horas del día.

El desayuno puede ser libre o sólo de fruta y el almuerzo a mediodía es una comida hiperglucídica en la que se permite el consumo a voluntad de pan, pastas, arroz, patatas, farináceos, azúcares y legumbres, excluyendo totalmente los alimentos hiperproteicos como carnes, pescados, huevos, leche y quesos. La cena, hiperproteica, debe ser exactamente lo contrario, es decir están permitidos en ella a voluntad carnes, pescados, huevos, leche y totalmente prohibidos los hidratos de carbono como pastas, pan, arroz, patatas, farináceos, azúcares y legumbres.

Está rigurosamente prohibido invertir el orden, es decir comer para desayunar lo que está permitido para la comida y viceversa.

Dieta macrobiótica

La dieta macrobiótica se basa, principalmente, en la ingesta de cereales integrales, como arroz, cebada, maíz y trigo, los cuales se pueden comer hervidos, guisados, en sopa, tartas o croquetas. También es fundamental agregar a la dieta frutas y verduras, y para obtener las proteínas de origen animal que el organismo requiere se aconseja combinar los alimentos antes citados con carne magra (sin grasa) de vacuno, así como pollo y pescado sin piel.

Asimismo, dicho régimen recomienda disminuir la ingesta de productos lácteos, los cuales deberán sustituirse por vegetales de hoja verde, ya que contienen gran cantidad de vitaminas A y C, calcio, potasio, ácido fólico y hierro, lo que evita la deficiencia de nutrientes. Cabe destacar que hay quienes dicen que esta dieta es prohibitiva y puede llevar a sus seguidores a padecer desnutrición, pero en realidad permite comer todos los alimentos.

Clasifica a los alimentos en dos categorías: **ying** (alimentos pasivos) y **yang** (alimentos activos).

Debe existir un equilibrio entre alimentos ying y yang para lograr la salud y el bienestar físico y mental. Para ellos, algunos alimentos ying son: la carpa, las almejas, la sandía, las patatas, las ciruelas, el azúcar, la miel o el ajo. La carne de caballo, los huevos de gallina y de pato, el cerdo y el caviar son yang. Los cereales, hortalizas y verduras ofrecen el mejor equilibrio entre el ying y el yang. Dentro de los nutrientes, la mayoría de las vitaminas del grupo B y la vitamina C son ying mientras que las liposolubles (A, D, E y K) y la B6 son yang. Estas clasificaciones carecen de sentido alguno desde el punto de vista científico.

El sistema macrobiótico consiste en una serie de diez dietas que se numeran de -3 a +7. Las cinco primeras (-3 a +2) incluyen cantidades decrecientes de alimentos de origen animal, son prácticamente dietas vegetarianas. Las restantes son exclusivamente vegetarianas y contienen cantidades crecientes de granos de trigo hasta llegar a la dieta 7 que se compone exclusivamente de granos de cereales triturados.

- **Dieta naturista.** Dieta basada únicamente en el consumo de alimentos naturales y ecológicos, nunca transgénicos.
- **Dieta vegetariana**. Dieta que se basa fundamentalmente en los productos vegetales y excluye por completo la carne. Existen dos tipos: dieta ovo-lácteo-vegetariana (que permite la ingesta de leche y huevos) y la vegana (basada sólo en los vegetales).

Alimentación colectiva: se define como aquella que se elabora para un número determinado de comensales superior a los que comprenden un grupo familiar. También se la puede denominar Restauración Colectiva.

Cada vez son más las personas que comen fuera de casa, por lo que el suministro de alimentos y la higiene de estos centros es de gran importancia; además es imprescindible asegurar la calidad y variedad de los menús, habiéndose mejorado su calidad en los últimos tiempos. El grado de profesionalidad del personal que atiende este tipo de servicios va en aumento, con lo que se garantiza un mayor cumplimiento de las normas básicas.

A continuación, vamos a ver las características que debe tener la **Alimentación Colectiva**.

Higiene en la manipulación, presentación y servicio.	Seguir las normas de la Alimentación equilibrada, ofreciendo menús a elegir y que sirvan como ejemplo para educar nutricionalmente.	Tener una variedad de menús amplia, es decir, que éstos no se repitan excesivamente, además de que cuenten con la capacidad de sorprender.
Contar con un equipo de profesionales de la cocina que se forman en la escuela de hostelería.	Mantener la temperatura adecuada.	Ofrecer una presentación atractiva.

UD5

lo máS importante...

- El concepto de **alimento** engloba tanto a los productos sólidos como a los líquidos que una persona ingiere y de los cuales el organismo obtendrá los nutrientes que necesita para vivir y desechara los que no les sean útil. Sin embargo, el concepto de **nutrición** consiste en conseguir todos los nutrientes que poseen los alimentos, haciéndolo llegar a todas las células del cuerpo humano. Todo ello se lleva a cabo mediante un conjunto de procesos físicos y químicos.

- Cabe diferenciar la rueda de los alimentos, la cual engloba a los alimentos en función de los nutrientes que predominan en cada uno de sus grupos. Está compuesta por siete grupos de alimentos distintos. Tales grupos van del grupo I al Grupo VII.

- Los principales objetivos de los nutrientes son:

  - Aportar la energía necesaria al organismo para mantener las funciones vitales.

  - Formación, mantenimiento y estructura corporales.

  - Regulación de los procesos metabólicos.

- Otro aspecto importante es el agua, pues se trata del componente más cuantioso de nuestro organismo. El agua constituye la composición de tejidos y órganos y es el medio en el que se llevan a cabo todos los fenómenos químicos, siendo por esto por lo que beber abundante agua al cabo del día es aun más importante que alimentarse en sí. No obstante, hemos de tener en cuenta que existen muchos alimentos de los cuales su composición es un alto porcentaje de agua.

- El estado de salud de una persona puede depender de la calidad de los nutrientes que posean las células que éste ingiera en los distintos alimentos.

- Existen una serie de dietas diferentes a seguir tales como: la dieta equilibrada, la mediterránea, la disociada, la naturista, la vegetariana o la macrobiótica.

UD5

autoEvaluación

1. ¿De qué hablamos cuando nos referimos a los alimentos?:

a) De los productos sólidos que una persona ingiere y de los cuales el organismo obtendrá los nutrientes que necesitan para vivir, desechando lo que no les sea útil.

b) De los productos sólidos y líquidos que una persona ingiere y de los cuales el organismo obtendrá los nutrientes que necesitan para vivir, desechando lo que no les sea útil.

c) De todos los nutrientes que poseen los alimentos haciéndolos llegar a todas las células del cuerpo humano.

d) Ninguna de las respuestas anteriores es correcta.

2. El grupo II de alimentos, engloba las carnes, pescados y huevos. ¿Qué tipo de alimentos son?

a) Alimentos plásticos en los que predominan las proteínas.

b) Alimentos plásticos, en los que predominan los glúcidos y las proteínas.

c) Alimentos reguladores, en los que predominan las vitaminas y minerales.

d) Alimentos plásticos, en los que predominan las proteínas y las vitaminas.

3. ¿Cuál es el porcentaje que constituye en nuestro organismo el agua?:

a) Constituye más del 73% de nuestro organismo.

b) Constituye más del 63% de nuestro organismo, llegando incluso a alcanzar el 70% en las personas adultas.

c) Constituye más del 83% de nuestro organismo, llegando incluso a alcanzar el 90% en las personas adultas.

d) Constituye más del 93% de nuestro organismo, pues muchos de los alimentos que ingerimos contienen una gran proporción de agua.

4. ¿Qué entendemos por nutrición?:

a) La forma que tiene el organismo de adquirir una serie de sustancias que le son necesarias para vivir.

b) El conjunto de procesos fisiológicos mediante los cuales el cuerpo humano absorbe las sustancias que le son necesarias para vivir.

c) El conjunto de procesos fisiológicos por lo que el cuerpo absorbe y convierte las sustancias químicas que contienen los alimentos con la finalidad de obtener una vida más sana.

d) Nutrirse es sinónimo de alimentarse con una alimentación equilibrada y sana.

5. ¿Cuáles son las principales funciones de los nutrientes?:

a) Concretamente son tres. La función energética, reguladora y funcional.

b) Concretamente son tres. La función reguladora, la funcional y la plástica.

c) Concretamente son tres. La función reguladora, la plástica y la energética.

d) Únicamente la energética. Es la principal y sin ésta, la existencia de los nutrientes seria nula.

6. ¿Cuál es la misión de la función plástica?:

a) Es la encargada de mantener el equilibrio entre los procesos de absorción y de utilizar los alimentos que el organismo necesita.

b) Es la encargada de poder liberar la energía para llevar a cabo las distintas tareas que llevamos a cabo a lo largo del día.

c) Es la encargada de realizar nuestra materia propia, es decir, podemos crecer y reparar lo dañado.

a) Es la encargada de realizar nuestra materia prima y repartirla por todo el organismo, manteniendo el equilibrio entre los procesos de absorción y la utilización de los alimentos necesarios para el organismo, por otro.

7. ¿Cuál es la principal composición de los glúcidos?:

a) Moléculas compuestas por C, O, h y N.

b) Moléculas compuestas por C, H y O.

c) Moléculas compuestas por ácidos orgánicos con una cadena carbonada larga.

d) Ninguna de las respuestas correctas es correcta.

8. ¿Cuáles son las funciones principales de los glúcidos?:

a) Son 4. La síntesis de ácidos grasos, de aminoácidos, la formación de ADN y de ARN.

b) Son 4. La síntesis de ácidos grasos, la formación de ADN y de ARN y la fuente de energía.

c) Son 4. La síntesis de ácidos grasos, la formación de ADN, la fuente de energía y la síntesis de algunos aminoácidos.

d) Son 3. La síntesis de ácidos grasos y de algunos aminoácidos, la fuente energética y la formación de importantes compuestos orgánicos, como ADN y ARN.

9. Una de las funciones nutricionales de los lípidos es la de:

a) Como estructura física imprescindible para sintetizar sustancias esenciales.

b) Como estructura química que pueda suministrar el mayor numero de energía cuando son utilizados por las células.

c) Como vehículos conductores de proteínas.

d) Ninguna de las respuestas anteriores es correcta.

10. Señala cuales de los siguientes llamamos micronutrientes:

a) Las vitaminas, las sales minerales y el agua.

b) Únicamente las vitaminas.

c) A los lípidos y las vitaminas.

d) A las sales minerales, los lípidos y el agua.

hostelería y turismo

UD6

Gestión y control de calidad en restauración

6.1. Características peculiares
6.2. Concepto de calidad por parte del cliente
6.3. Programas, procedimientos e instrumentos específicos
6.4. Técnicas de autocontrol

hostelería y turismo

6.1. Características peculiares

El concepto de calidad es complicado. Posee distintos significados de los cuales podemos distinguir los siguientes conceptos.

> Uno de los significados que posee el concepto Calidad es el de excelencia.
>
> Otro de los significados que posee dicho término es el de hablar de propiedad o conjunto de propiedades congénitos a una cosa, lo cual permite apreciarla como mejor, igual o peor que las demás de su grupo, viniendo a establecer una escala de valores entre producto de la misma categoría.

Dichas definiciones podemos ejemplificarlo de la siguiente forma. En el supuesto en el que se emplee la primera definición, estaremos refiriéndonos a "Esta carne es de calidad o nuestro mayor objetivo es la calidad", mientras que si empleamos la segunda definición, nos referimos a "este vino es de calidad inferior a este otro".

> No debemos asociar el concepto de Calidad con el concepto del valor refiriéndose al aspecto económico, lujoso etc.

APPCC (Análisis de peligros y punto de control críticos)

Control de Calidad en Restauración

Mediante un uso adecuado del sistema de APPCC, se garantiza la seguridad alimentaria en todos sus ámbitos, incluyendo en el de la restauración.

En la actualidad cada día aumenta más el número de personas que comen fuera de casa, siendo necesario asegurar tanto la variedad como la calidad de los distintos tipos de menús.

El sector hostelero deberá contar con personal cada vez más profesional con el fin de garantizar el cumplimiento de las normas más básicas para ofrecer alimentos saludables a sus clientes, no obstante también deberá contar con el **Análisis de Peligros y Puntos de Control Críticos (APPCC),** uno de los sistemas de control de alimentos más generados.

Los primeros controles de calidad alimentaria que se aplican en la restauración se centraron en los análisis de producto final, los cuales se recopilaban mediante muestreos. Dichos análisis incluían parámetros físico-químicos y microbiológicos que se completaban con inspecciones visuales las cuales llevaba a cabo la autoridad sanitaria. En principio, estos controles se interpretaban como una amenaza, observándose al poco tiempo, su ineficacia puesto que detectaba los problemas a posteriori.

Como consecuencia de ello, pretendieron desarrollar sistemas basados en la prevención, los cuales contendrían el control de todas las etapas del proceso. Los primeros intentos corrigieron los resultados si el proceso se realizaba desde dentro mediante el autocontrol, implicando en él a todos los miembros que constituían el personal de la empresa.

En la actualidad, el Análisis de Peligros y Puntos de Control Críticos (APPCC) es el sistema de control de alimentos más divulgado a nivel mundial. Fue creado en la década de los 60 por la NASA, junto con la compañía Pillsbury y los laboratorios del ejército estadounidense para certificar la seguridad microbiológica y la calidad sanitaria de los alimentos usados en los primeros programas espaciales. La Food and DrugAdministration (FDA) fue la primera en aplicar el sistema en la industria alimentaria, en concreto en la producción de conservas.

En el ámbito de la hostelería, el APPCC posee el reconocimiento de la Organización Mundial de la Salud (OMS) por su importancia en la prevención de enfermedades transmitidas por los alimentos y fue adoptado por la Comisión del Codex Alimentarius como sistema internacional para estándares de alimentos, puesto que contempla todos y cada uno de los diferentes procesos de producción del mismo.

El APPCC es un sistema integral de control que revolucionó todos los métodos conocidos hasta la fecha ya que, además de basarse en la prevención, podía realizarse desde dentro, implicando a todo el personal y optimizando la cooperación de éste con la administración.

La implicación del APPCC, desarrollada con anterioridad para otros campos del sector de la alimentación, ha sido muy cuestionada en el mundo de la hostelería, en el que es un requisito legal. No obstante, no cabe el cuestionar que el APPCC aplicado correctamente es una herramienta muy eficaz con la que se garantiza la seguridad alimentaria en todos los ámbitos, pues comenzará en la recepción de la materia prima y finalizará en el consumo final.

Para los empresarios de hostelería que deseen solicitar cualquier Certificado de Calidad, deberán obligatoriamente incluir el APPCCcomo requisito necesario en su sistema de gestión.

Aplicación

Dicha tecnología es rentable debido a que concentra los recursos y la atención en los puntos que verdaderamente son importantes.

Es un sistema universal debido a que puede emplearse en todos los procesos alimentarios de cualquier zona geográfica. No obstante, debemos tener en cuenta que debe adecuarse al proceso concreto en el que se introduce ya que de lo contrario sería inútil.

Precisa de conocimientos básicos y planificación previa al igual que el compromiso y la implicación de todo el equipo de trabajo, más concretamente de la dirección. Una vez que el sistema APPCC se implante, éste debe aplicarse y actualizarse continuamente.

El **sistema APPCC consiste** en:

- Identificar todos los peligros potenciales que puedan ocurrir en el transcurso de cada una de las distintas etapas de la cadena alimentaria
- Evaluar los riesgos
- Identificando las medidas preventivas más adecuadas.

Se establecen cuáles son los puntos de control críticos (PCC) con el fin de incidir en ellos y poder así, garantizar la seguridad del producto, estableciendo límites críticos que contrastaran la diferencia entre un alimento inseguro y uno seguro en cada PCC y su sistema de vigilancia.

Al igual que se marcan rodas las acciones correctoras a realizar en el momento en el que el sistema de vigilancia detecte que un PCC no se encuentre bajo un determinado control. Para finalizar, señalar que es muy importante poder fijar determinados procedimientos de verificación que comprueben el sistema de trabajo y su funcionamiento.

Lo que dice la Ley

El Real Decreto 3484/2000, por el que se establecen las normas de higiene para la elaboración, distribución y comercio de comidas preparadas, obliga a los responsables de las empresas del sector a desarrollar y emplear sistemas permanentes de autocontrol basados en el sistema de APPCC considerando tanto la naturaleza del alimento, como los pasos y procesos posteriores a los que será sometido y el tamaño del establecimiento.

La nombrada normativa incorpora la posibilidad de desarrollar **Guías de Prácticas Correctas de Higiene, (GPCH),** al igual que de disponer de "comidas testigo" adecuadamente almacenadas e identificas, si lo estima la autoridad competente.

Para conocer la legislación completa consulta, en el anexo 1 del final del libro, el Real Decreto 3484/2000.

El Reglamento (CE) 852/2004 del Parlamento Europeo y del Consejo referente a la higiene de los productos alimenticios insiste en la necesidad de establecer sistemas basados en el APPCC, no obstante contempla flexibilidad en sus procedimientos. Tales sistemas no reemplazarán a los controles oficiales que aseguren el cumplimiento de las normas.

Es más, este Reglamento resalta la importancia que posee la formación del personal, su responsabilidad en los procesos y la cooperación obligada con las administraciones competentes. Respecto a las GPCH, el Reglamento reconoce que se trata de un instrumento valioso para ayudar a los operadores a desempeñar las normativas sobre la higiene de los alimentos y a emplear los principios de la APPCC.

Para conocer la legislación completa consulta, en el anexo 2 del final del libro, el Reglamento (CE) del Parlamento Europeo y del Consejo.

6.2. Concepto de calidad por parte del cliente

La calidad puede ser interpretada como un requisito productivo que garantiza la concordancia de los bienes y servicios ofrecidos con los requerimientos de los usuarios y consumidores, no obstante existe un tramado de ideas que han dado lugar a la creación de sistemas de calidad asentados en ideas como la de "hacer cosas bien siempre".

A lo largo del tiempo se ha llevado a cabo un aumento considerable del interés por la calidad, tanto en organizaciones de servicios como en organizaciones industriales. Tal interés ha convertido a la calidad de servicio en un tema de gran importancia en el mundo empresarial y para diferentes ámbitos de la investigación, debido principalmente a los beneficios que una estrategia de calidad reporta a la organización.

Fundamentalmente, la calidad favorece a mantener y aumentar la cuota del mercado, cada vez más notable en un entorno altamente competitivo.

Debido a la gran importancia que tiene, la investigación se ha encaminado al estudio de temas de calidad, como por ejemplo, los sistemas de gestión de calidad total ("Total Quality Management"); la implantación generalizada de técnicas de calidad; los programas de atención al cliente; etc.

El concepto de calidad ha evolucionado a los largo del tiempo, por lo que no se debe entender como una definición global y universal.

No obstante, podemos confirmar que en su evolución ha obtenido **cuatro tipos de definiciones básicas**:

- Si usamos la **calidad como valor**, se define de forma relativa, dependiendo tanto de por el precio que cuesta como de lo que se ofrece.
- Si tomamos la **calidad como lo mejor (concepto de excelencia)**, es considerada como el mayor esfuerzo realizado para adquirir el mejor de los resultados.
- La **calidad como satisfacción del cliente** se crea como el grado en el que se satisfacen las expectativas del cliente. Esta definición es la más aprobada hoy en día, concretamente en el ámbito de los servicios.
- Si usamos la **calidad como repuesta a las especificaciones**, se ve como el resultado de criterios de calidad estandarizaos y establecidos a priori.

Partiendo de la base, de que estamos hablando con respecto a calidad de servicio, y no a calidad material o de otro tipo. Enmarcándonos en ello, será importante recalcar el hecho de que el cliente parte de unas expectativas sobre calidad que piensa son las que se han de cumplir.

Dichas expectaciones no son pronósticos de lo que el servicio llegará a ser, sino que será un deseo de lo que el servicio debe ser, es decir, es un juicio de valor.

La calidad es un concepto bastante subjetivo que depende de las expectativas que cada cliente posea en ese momento. A ello, hay que añadirle tanto los compromisos como las promesas previas que el establecimiento en sí haya podido contraer con el cliente De todo ello, el cliente crea un concepto de calidad que el establecimiento ha de satisfacer.

Las expectativas en la calidad deseada están influenciadas por los elementos y relaciones externas que hacen que el cliente se crea una imagen, constituyendo unos mínimos que el establecimiento deberá cumplir.

Dichos elementos pueden ser: el boca a boca, las experiencias previas, las necesidades personales u otras comunicaciones externas que son primordiales para poder establecer esa imagen de calidad en la mente del cliente.

6.3. Programas, procedimientos e instrumentos específicos

Desde el inicio se asume que **la mejora en la calidad** de los establecimientos debería incluir, por un lado las condiciones de infraestructura de los mismos y por el otro, una adecuada información-formación del manipulador.

La calidad no puede existir mientras que no se materialice con actuaciones concretas. Su combinación entre la parte intangible y los mecanismos existentes para su desarrollo, es la asociación perfecta.

Existen muchísimos instrumentos que se usan como **herramientas de la calidad,** aunque la mayoría con existencia anterior y vida propia. No obstante, vamos a describir los más significativos:

- Manuales
- Métodos de proceso de mejora continua.
- Sistemas y métodos de resolución de problemas.

> **Manuales:** es una compilación de políticas y procesos que la empresa adopta para el aseguramiento de la calidad.

Existen dos tipos, principalmente:

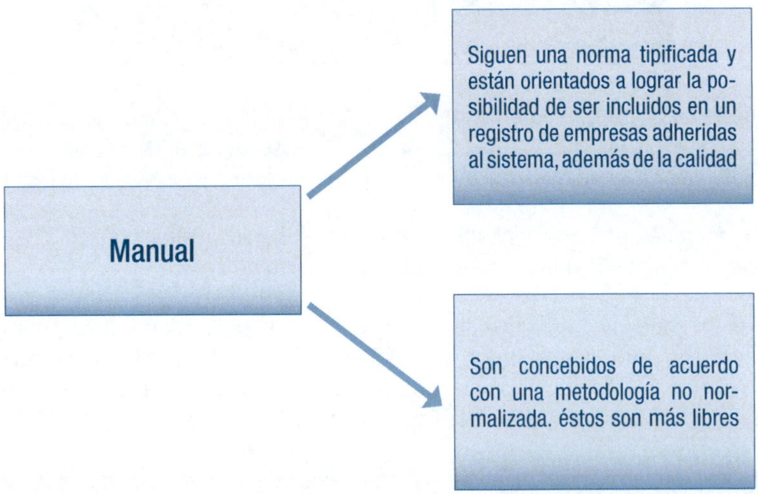

El **registro de la empresa** se asemeja a un reconocimiento formal de que la misma detecta normas de calidad. Está orientado tanto a los clientes potenciales como a los reales, para que tengan conocimiento del mismo.

Para ingresar en el registro han de:

- Redactar el manual
- Someter éste a su aprobación
- Pasar a examen de aplicación.

Las **normas básicas más relevantes** son las series BS 5750 y las ISO 9000, esta última resulta de la adopción de las primeras, diseñadas por la British Standard Institution y por la International Standard Organization.

Estas normas, al ser originariamente creadas para organizaciones industriales y estar orientadas a los mercados internacionales, su metodología y sistemática resulta extraña de cara a las empresas de restauración.

En éstas hasta el momento, no existe ningún interés especial porque estén incluidas en el registro, debido a que los clientes que no conocen los establecimientos se guían por otras referencias (como por ejemplo, RACE, Guías Michelin, etc.), por el boca a boca o amigos.

Las empresas de restauración deben saber que adopten el sistema que adopten, será necesario que formulen por escrito tanto las especificaciones técnicas de sus procesos como sus políticas. Eso sí, teniendo en cuenta que han de ser desarrollados hasta llegar al mínimo detalle, con inclusión de las materias primas empleadas y al equipo a utilizar, en su caso.

Métodos de proceso de mejora continúa

Tales métodos están enfocados tanto a la alimentación como a la implantación del sistema y se basan principalmente (aunque con más o menos variables), en el proceso circular siguiente:

Sistemas y métodos de resolución de problemas

El sistema

Son los distintos procesos secuenciales propuestos para cubrir objetivos de calidad.

Según Chang y Nelly se determinan los siguientes pasos:

- Definición del problema y análisis si merece o no la pena solucionarlo.
- Definición de segmentos a los cuales se aplica:
  - Productos entregados
  - Compras
  - Almacenamiento
  - Producción
  - Control sanitario
  - Manipulación, producto y embalaje externo
  - Reglamentación del estado, ciudad o región.
- Analizar las posibles causas
- Identificar las posibles soluciones
- Seleccionar la mejor solución
- Diseñar un plan de acción
- Ejecutar el plan y evaluar el progreso.

Los métodos

Son la técnica idónea de ser utilizada en una o varios de estos pasos. Pueden usarse aislados o combinados, siendo éste último el más efectivo.

Los métodos que más se usan son los siguientes:

- Diagrama Causa-Efecto de Ishikawa, (también conocido como Espina de Pescado)
- Gráfico de Pareto o Regla 80/20, en el que se define que el 80% de los problemas pueden ser atribuidos al 20% de las causas
- Método de Profundización hacía las raíces del problema o de los sucesivos "por ques"

- Método de valoración de criterios. Se aplica a la selección de soluciones, mediante una matriz para determinar cúal de las opciones es la más adecuada. Usado para el conceso de varios equipos

- Otros métodos, como por ejemplo, tormenta de ideas...

Instituto de calidad turístico español

¿En qué se fundamenta el sistema de calidad ICTE de restaurantes?

El sistema de calidad brinda a un restaurante una serie de requisitos de obligado cumplimiento para todo restaurante que quiera optar a la certificación con la Marca de Calidad. Una vez que **el Sistema de Calidad** este establecido, y si el restaurante quiere que sea reconocido por el **Instituto de Calidad Turístico Español (ICTE)**, puede optar a dicha certificación.

La posesión de esta Marca acredita ante clientes, proveedores, colaboradores, etc, terceros en general, que el Restaurante posee un Sistema de Calidad conforme con las Normas de Calidad Turística de Restaurantes.

Las Normas de Calidad se clasifican en 6 bloques que corresponden a distintos áreas de la gestión de un restaurante. Son los siguientes:

Dirección	Aprovisionamiento	Cocina
Sala	Higiene	Mantenimiento

Cada una de las áreas de gestión anteriormente mencionadas se subdivide a su vez en una serie de apartados, son los siguientes:

Objeto	En el cual se definen los objetivos.
Alcance	Especifica los servicios concretos y ámbitos a los que se refiere.
Responsabilidades	Para cada tarea o actividad relacionada con los servicios a los que se refiere la Norma, se definen las distintas responsabilidades de ejecución y supervisión.
Requerimientos de servicio	Definen todas las condiciones y requerimientos específicos, que debe cumplirse en un determinado establecimiento tanto en lo que respecta al Sistema de calidad como a sus características o resultados.
Mecanismos de control	Se concretan las actividades de supervisión y control necesarias para conocer el nivel de calidad de cada servicio y poder así, detectar posibles situaciones de no conformidad.

Cabe destacar que toda la información anteriormente especificada la encontramos en dos herramientas:

- Autoevaluación de los servicios de restauración.
- Norma UNE 167000:2006 para establecimientos de restauración.

6.4. Técnicas de autocontrol

El autocontrol: se trata de un programa de prevención de enfermedad que actúa controlando aquellas fases en las que puedan causar alguna pérdida de calidad sanitaria del alimento durante su elaboración.

Una característica primordial del APPCC (Análisis de Peligros y Puntos Críticos), es la gran facilidad que demuestra para el cambio, permitiendo ser adaptado a las condiciones concretas de cada establecimiento, evitando dictar actuaciones generalizadas, ya que ningún establecimiento es idéntico a otro,

Las **ventajas de la aplicación del autocontrol** se traducen en el crecimiento de la empresa que lo incorpora.

Dos aspectos claves son los que se necesitan para que un sistema de autocontrol pueda ser instaurado en una empresa de alimentación:

- Una gran dosis de disciplina.
- Una actitud positiva del propietario o de los directivos para el cambio.

En ambos supuestos deben aceptarlo como una parte fundamental e inseparable del proceso de crecimiento de aquella, siendo muy importante que esa actitud se le transmita a la plantilla de trabajadores con el fin de que actúen de una forma coordinada en el control de los procesos de elaboración.

Cualquier empresa de preparación y vena de alimentos de cualquier índole, dimensión o aunque no tenga una actividad fija (venta ambulante), debería tener un sistema de autocontrol acorde a sus necesidades, de tal modo que garantice que no pueda producirse ningún brote de enfermedad de transmisión alimentaria (ETA).

Ventajas en la instauración

La instauración de un sistema de APPCC (Análisis de Peligros y Puntos Críticos) definido correctamente en cualquier establecimiento de preparación de alimentos conlleva a:

Disminuir costes	Afianzar clientes	Mayor compromiso y eficacia de los empleados
Crecimiento de la empresa	Mejorar la atención al cliente, mejorando el servicio y la presentación del producto	Polarizar el mercado

Obtendremos marcar una polarización en ese mercado al lograr que los consumidores diferencien entre un establecimiento y una marca.

Los clientes satisfechos harán publicidad a nuestra empresa, ya que un cliente conforme y contento siempre habla en positivo sobre un determinado establecimiento o marca, siendo la mejor publicidad y provocando el crecimiento de la empresa.

Al instaurar un autocontrol eficaz también perfeccionamos la atención al cliente, derivada de la mejora de la calidad integral, (servicios, materias primas, presentación, etc.). Dicha atención al cliente genera su "fidelidad" y confianza, lo que conlleva al afianzamiento a la empresa.

El control de las distintas fases de producción, permite controlar mejor las materias primas y los productos elaborados, con su consiguiente reducción de pérdidas por caducidad o por la alteración de la calidad, mejorando así la rotación de los inventarios y por tanto, reduciendo los costos. El porcentaje estimado en el que éstos se reducen oscilan entre un 6% y un 18% de la facturación total.

Si una empresa actúa de forma eficiente, conseguirá el compromiso y la eficacia de sus empleados, los que se encuentran respaldados por la confianza que sienten por su empresa. La versatilidad de este tipo de autocontrol, admite adaptarlo a las condiciones específicas de cada establecimiento, evitando dictar actuaciones generalizadas ya que como hemos visto anteriormente, ningún establecimiento es idéntico a otro.

Para conseguir un buen autocontrol, el APPCC (Análisis de Peligros y Puntos Críticos de Control) requiere ser aplicado en todo el proceso de producción alimentaria y no sólo a nivel del establecimiento de elaboración de alimentos, significando esto que su aplicación debe comenzar desde la cría o en su caso el cultivo, la recolección, la preparación de la mercancía, el procesado, la manipulación, distribución, comercialización y consumo final.

Si el sistema APPCC (Análisis de Peligros y Puntos Críticos de Control) se utiliza de forma correcta, podremos controlar cualquier punto de un sistema productivo capaz de plantear cualquier situación de riesgo sanitario, sea cual sea su origen, biótico o abiótico.

Programas

La monitorización o seguimiento del sistema de autocontrol se basara en pruebas físicas, químicas e incluso visuales que den resultados inmediatos.

El control microbiológico de muestras aleatorias tomadas en distintas fases de una cadena de producción, hoy en día posee únicamente un valor comprobatorio de que el APPCC está funcionando correctamente, pero solo en ese sentido.

Fundamentalmente son cinco los requisitos mínimos que han de tenerse en cuenta a la hora de establecer un sistema de autocontrol APPCC:

- Que se suministre de más desarrollo en tecnología, por tanto de modernización del sector.
- Que se dé una participación conjunta en responsabilidades tanto por parte de la administración como por parte de la empresa.
- El APPCC ha de ser aplicado a toda la cadena de producción-consumo.
- La implantación de este sistema ha de ser opcional, en una primera fase, con perspectiva de obligatoriedad.
- Necesidad de crear equipos entrenados en el APPCC tanto a nivel industria como a nivel administrativo.

El sistema APPCC fue preparado por el grupo de trabajo de Higiene de los Alimentos del Codex.

Se trata de un protocolo o formulario escrito donde se refieren detalladamente las acciones a seguir para asegurar que quedarán controladas todas las situaciones de peligro y que dentro del proceso de elaboración de alimentos pudiera alterar o disminuir su calidad.

Establecer por escrito cada uno de los pasos que se van a seguir, garantiza que estamos ante un proceso racional basado en una sistemática coherente y no es fruto de ningún tipo de improvisación.

El autocontrol es una guía sanitaria de producción, esto es que se trata de todo procedimiento preventivo, el cual garantiza la seguridad sanitaria de los alimentos que se envasan o elaboran.

Es necesario, para poder llevar a cabo una buena planificación de un sistema APPCC, conocer a la perfección la serie de procesos que tienen lugar a la hora de la elaboración de un alimento y que, como mencionamos anteriormente, debe comenzar desde la cría o el cultivo, la recolección, preparación de la mercancía, su procesado, manipulación, distribución, comercialización y consumo, enumerando los posibles riesgos que puedan surgir, ya sean de tipo biológico, químico o físico.

La eliminación o reducción de éstos hasta niveles tolerables, dará un producto final "inocuo".

UD6

lo máS importante...

- El concepto de calidad es complicado, puesto que engloba varios conceptos. Uno de los significados que posee es el de excelencia, al igual que otro puede ser el de hablar de propiedad o conjunto de propiedades congénitas a una cosa.
- No debemos asociar el concepto de Calidad con el concepto del valor refiriéndose al aspecto económico, lujoso, etc.
- Mediante el uso del sistema de APPCC (Análisis de peligros y puntos de control críticos), se garantiza la seguridad alimentaria en todos sus ámbitos, incluyendo en de la restauración.
- Para los empresarios de hostelería que deseen solicitar cualquier Certificado de Calidad, deberán obligatoriamente incluir el AAPPCC como requisito necesario en su sistema de gestión.
- No debemos olvidar que el **sistema APPCC consiste** en:
    - Identificar todos los peligros potenciales que puedan ocurrir en el transcurso de cada una de las distintas etapas de la cadena alimentaria
    - Evaluar los riesgos
    - Identificando las medidas preventivas más adecuadas.
- El Real Decreto 3484/2000, por el que se establecen las normas de higiene para la elaboración, distribución y comercio de comidas preparadas, obliga a los responsables de las empresas del sector a desarrollar y emplear sistemas permanentes de autocontrol basados en el sistema de APPCC.
- La calidad ha evolucionado y posee cuatro sistemas de definición básicos, los cuales se resumen en: calidad como valor, como excelencia, como satisfacción y como respuesta a las especificaciones.

- Existen muchísimos instrumentos que se usan como **herramientas de la calidad,** los cuales cuentan con sus propias características, ventajas y desventajas.

- Los más significativos son los manuales, **los métodos de proceso de mejora continua o los sistemas y métodos de resolución de problemas.**

UD6

autoEvaluación

1. Uno de los significados del término calidad es el de...

a) Mediocridad.
b) Excelencia.
c) Clase.
d) Vulgaridad.

2. ¿Qué significan las siglas APPCC?

a) Análisis de peligros críticos.
b) Análisis de peligros y puntos críticos.
c) Análisis de y puntos de control críticos.
d) Análisis y puntos de control.

3. El APPCC es el sistema de control de alimentos más divulgado a nivel mundial, pero ¿Cuándo y quién lo creo?

a) Fue creado en la década de los 50 por la NASA.
b) Fue creado en la década de los 60 por la Food and DrugAdministration (FDA).
c) Fue creado en la década de los 60 por la NASA.
d) Fue creado en la década de los 60 por los laboratorios estadounidenses y la Food and DrugAdministration (FDA).

4. ¿En qué consiste el sistema del APPCC?

a) En identificar todos los peligros potenciales que puedan ocurrir en el transcurso de cada una de las distintas etapas de la cadena alimentaria, evaluar los riesgos e Identificar las medidas preventivas más adecuadas.

b) En identificar todos los peligros reales que puedan ocurrir en el transcurso de cada una de las distintas etapas de la cadena alimentaria como primer paso e identificar las medidas preventivas más adecuadas como paso complementario al primero.

c) Únicamente en evaluar los riesgos y localizar las medidas que existan de cara a la prevención.

d) Ninguna de las respuestas anteriores es correcta.

5. ¿Cuál es el Real Decreto por el que se establecen las normas basadas en el sistema APPCC?

a) El Real Decreto 3848/2000.

b) El Real Decreto 3484/2000.

c) El Real Decreto 3484/2002.

d) El Real Decreto 3488/2000.

6. ¿Cuál es el Reglamento que hace referencia a la higiene los productos alimenticios basados en el sistema de APPCC?

a) El Reglamento (CE) 850/2004 del Parlamento Europeo y del Consejo referente a la higiene de los productos alimenticios basados en el sistema APPCC.

b) El Reglamento (CE) 852/2004 del Parlamento Europeo y del Consejo referente a la higiene de los productos alimenticios basados en el sistema APPCC.

c) El Reglamento (CE) 8520/2004 del Parlamento Europeo y del Consejo referente a la higiene de los productos alimenticios basados en el sistema APPCC.

d) El Reglamento (CE) 852/2002 del Parlamento Europeo y del Consejo referente a la higiene de los productos alimenticios basados en el sistema APPCC.

7. A lo largo de la evolución del concepto Calidad, ésta ha obtenido varios significados distintos, los cuales son:

a) Concretamente cuatro. Como valor, como excelencia, como abundancia y como satisfacción.

b) Concretamente cuatro. Como excelencia, como abundancia, como lujo y como satisfacción.

c) Concretamente cuatro. Como valor, como excelencia, como satisfacción y como respuesta a las expectativas.

d) Concretamente cuatro. Como valor, como excelencia, como satisfacción y como respuesta a las especificaciones.

8. Enmarcándonos en las herramientas de calidad, los métodos de proceso de mejora continua están enfocados a:

a) Dos aspectos, tanto a la alimentación como a la implantación del sistema.
b) Dos aspectos, tanto a la alimentación como a la calidad.
c) Dos aspectos, tanto a la calidad como a la mejoría del sistema.
d) Ninguna de las respuestas anteriores es correcta.

9. ¿Quién creo el Diagrama Causa-Efecto?

a) Pareto.
b) Chang y Nelly.
c) Ishikawa.
d) Ninguna de las respuestas anteriores es correcta.

10. ¿A qué llamamos Autocontrol?

a) A un sistema de reparación de enfermedades que actúa controlando aquellas fases en las que puedan causar alguna pérdida de calidad sanitaria del alimento durante su elaboración.
b) A un sistema de prevención de enfermedades que forma parte del APPCC.
c) A un programa de prevención de enfermedades que actúa controlando aquellas fases en las que puedan causar alguna pérdida de calidad sanitaria del alimento durante su elaboración.
d) A un sistema de control de plagas que actúa controlando aquellas enfermedades que puedan afectar al alimento.

hostelería y turismo

UD7

Aprovisionamiento externo de géneros

hostelería y turismo

7.1. El departamento de economato y bodega

Aprovisionarse: se trata de surtirse de bienes y servicios (bienes de equipo, materias primas, mercaderías) que las empresas de hostelería requieren para producir y funcionar con regularidad.

El aprovisionamiento incluye el conjunto de operaciones que permite a la empresa de hostelería disponer en cualquier momento de servicios y bienes los cuales provienen del entorno comercial. En conclusión, se trata de procurar a la empresa las materias primas y los servicios o bienes consumibles en el momento necesario, al menor coste posible y con la suficiente cantidad y calidad.

Como ya hemos visto anteriormente, un establecimiento hotelero cuenta con distintos almacenes aparte del departamento de economato y de la bodega. Almacenes donde se les da uso a una serie de artículos que no van a ser transformados durante el proceso de producción pero que son complementarios del producto o servicio final obtenido, no pudiendo prescindir de ellos ya que son prescindibles a la hora de valorar la calidad por parte del cliente.

Ejemplo de éstos son: productos de lencería, cubertería, cristalería, platería, mantas, colchones, etc.

Centrándonos en el economato y en la bodega podemos destacar las siguientes características:

- El Economato y la Bodega
  - Deberá estar situado cerca del departamento de recepcion (para evitar desplazamientos inncesarios que encarecen el proceso) y del departamento de producción (principal consumidor de las materias primas).

- Deberá contar con espacio suficiente pero sin ser descomunal.
- Poseerá recipientes de plástico alimentario, fáciles de limpiar, dotados de tapa hermética que garanticen su conservación.
- Deberá poseer una zona exclusiva dedicada a funciones administrativas y otra en la que se almacenen los géneros no perecederos. Hemos de señalar que algunos establecimientos hoteleros cuentan en la actualidad con instalaciones frigoríficas en las que gestionan algunas familias de productos perecederos.
- Deberá poseer una zona exclusiva dedicada a funciones administrativas y otra en la que se almacenen los géneros no perecederos.
- Las instalaciones tendrám estanterías de acero faciles de limpiar. La separación entre las distintas estanterias será la suficiente para facilitar su acceso y el transito entre ellas, permitiendo una rotacion adecuada de los productos.
- Poseerá distinas balanzas, una de gran pesada para graneles, otra de hasta 10 kilos para pequeñas pesadas y otra de precisión.

Objetivos

Los principales objetivos se simplifican en:

- Administrar las cantidades en stock para hacer un seguimiento de los flujos de las mer cancías y así saber en todo momento las disponibilidades de las mismas.
- Organizar la distribución de las mercancías que se reciben, evitando pérdidas de deterioro, obsolescencia o robo.

Los Flujos de entrada y Salida de Mercancías

En el aprovisionamiento de las materias primas el poder establecer flujos de entrada y distribución dependerá de algunos factores, concretamente de:

- La capacidad e importancia del departamento de compras.
- El tamaño del establecimiento o restaurante.

Para certificar una correcta planificación de la producción, debemos analizar todas las formas en las que se controlan los flujos de entrada de las materias primas que puedan existir en un establecimiento de hostelería.

Personal de economato y bodega

Existe un convenio sectorial cuya referencia se encuentra en el convenio colectivo del sector de hostelería que es el encargado de regular y mostrar todas las funciones del personal del economato y bodega, así como su perfil profesional. En él se describen aspectos como las tablas salariales por categorías, las diferentes funciones que deben realizar cada uno de los trabajadores, etc.

Si se diera el supuesto en el que no exista jefe de compras del economato, sería el encargado del economato el que las realice dependiendo jerárquicamente del directo de comida y bebida o del directo de administración comercial, según tengan establecido su organigrama.

Las **funciones más importantes como responsable del economato** son:

- Comprobar el volumen de existencias y exponer las necesidades de compra del almacén en función del stock máximo y mínimo fijado por la empresa.
- Controlar las entradas y salidas del género desde y al economato y a la bodega.
- Cotejar la colocación de las mercancías en los distintos estantes, asegurando su adecuada rotación con el fin de evitar su obsolescencia.
- Realizar inventarios físicos de comprobación de las existencias.
- Inscribir en los documentos establecidos por la empresa tanto los registros de entrada como de salidas de géneros así como las incidencias.
- Remitir al departamento administrativo los inventarios valorados para su posterior comprobación y contabilización.
- Comprobar con los listados de precios que los que figuran en los albaranes de entrada este correcto.
- Verificar que los géneros enviados a los departamentos se corresponden con el vale de pedidos.
- Garantizar el orden y la higiene en todo el economato.

Procesos y Operaciones básicas

Debemos diferenciar dos aspectos importantes, por un lado el proceso de alimentación y por otro las operaciones básicas en sí. A continuación vamos a desarrollar cada uno de ellos por separado.

- **Proceso de almacenamiento**

  El proceso de almacenamiento cuenta con una serie de aspectos básicos que se deben llevar a cabo para que su funcionamiento sea correcto y eficaz.

  Tales aspectos son:

  - Señalizar el interior del economato con carteles colgante el tipo de producto que existe en cada zona así como las ubicaciones.

- Organizar la colocación de las mercancías en los estantes diferenciando una zona para cada tipo según sea la categoría de uso de las mercancías o según el consumo en la cocina, permitiendo agilizar la búsqueda cuando se realice un pedido.
- Catalogar los productos de cada zona según sea su naturaleza.
- Marcar sobre la etiqueta del producto la fecha de llegada con un rotulador indeleble.
- En cada una de las distintas zonas y siempre y cuando el espacio para cada producto sea el adecuado, se debe habilitar dos zonas rotuladas que diferencien el primer lote del último, con la finalidad de facilitar la rotación de los mismos.

Operaciones Básicas

A continuación, vamos a desarrollar las distintas acciones que engloban lo que conocemos como **operaciones básicas.**

- Clasificar las materias primas según su naturaleza y utilización.
- Cotejar el albarán (documento que acompaña al pedido) en la entrada a recepción.
- Situar las materias primas en los estantes y zonas que existan para ellos, con el fin de garantizar su rotación.
- Comprobar el estado de la mercancía, (paquetes, latas, etc.)
- Registrar las entradas en las fichas de inventario permanente por producto, valorándolas por el método elegido por la empresa. En caso de existir inventario permanente informatizado, se deben introducir los datos de los albaranes en los equipos informáticos.
- Recibir la solicitud de pedidos con destino a producción mediante vale de pedidos. Es muy importante que se compruebe la firma y coteje con la autorizada.
- Comprobar periódicamente las mercancías con el fin de verificar aspectos como fecha de caducidad, roturas, estado, etc.

Gestión de los stocks

El mantenimiento de stocks en cualquier empresa sirve producir al ritmo que el cliente demanda.

En un establecimiento hostelero es importante mantener un cierto nivel de stocks en cámaras y almacenes, ya que el cliente demanda lo que quiere comer y es en ese momento en el que se realiza su pedido.

El **tamaño del stock** óptimo será aquel que minimice el coste de posesión, que ofrezca cierta seguridad en la producción y que permita hacer frente a posibles contratiempos.

Ambos aspectos tanto el económico como el de seguridad, buscarán el equilibrio entre producir más barato y producir con mayor flexibilidad. Dicho equilibrio se complementará con una gestión de compras en la que se reduzca al mínimo los costes de almacén, los riesgos y que mantenga el nivel de inventario adecuado a los requisitos anteriormente mencionados.

La gestión de stock comprende una serie de conceptos los cuales vamos a proceder a desarrollar a continuación. Estos son:

Cantidad Económica de Pedido	Los pedidos han de facilitar el reducir los costes de emisión de pedidos y los de posesión al máximo.
Punto de Pedido	Es el nivel que exige un nuevo pedido para poder satisfacer las necesidades de consumo. Dependerá del plazo de entrega, del stock de seguridad y del consumo medio. Se calcula mediante la siguiente fórmula: **Punto de Pedido = (plazo de entrega x consumo medio) + el stock de seguridad.**
Coste de Posesión	Coste que se genera por mantener un nivel de stock concreto. Éste produce determinados tipos de coste: Económicos, Operativos, Administrativos y Financieros.
Stock de Funcionamiento o Stock Operativo	Cantidad del stock total que se mantiene para atender las necesidades de consumo.
Stock de Seguridad	Parte del stock total que se mantiene con el fin de hacer frente a consumos superiores a los conocidos o a las demoras en el suministro de pedidos.
Stock Máximo	Es el stock mayor que la empresa permite mantener y que figura en las fichas de inventario permanente
Stock Mínimo	Es la cantidad de producto almacenado usada para hacer frente a una demanda normal sin imprevistos hasta que se lleve a cabo el reaprovisionamiento por parte del proveedor.
Rotura de Stock	Se da cuando no se reaprovisiona un artículo y se agotan sus existencias, generando la insatisfacción de las necesidades del consumidor.

Rotación de Stock

La rotación de stock se cuantifica mediante un cociente donde el inventario actual es el numerador y el consumo del periodo analizado es el denominador.

Existen un par de fórmulas muy sencillas para conocer tanto el consumo del mes anterior como el número de días de almacenaje para el consumo. Son las siguientes:

En el supuesto de requerir el consumo del mes anterior, el denominador sería consumo del mes y multiplicado por cien. Sin embargo, si precisáramos determinar el número de días de almacenaje para el consumo, el denominador sería el consumo del mes por el número de días de funcionamiento en el período.

7.2. El ciclo de compra

El tamaño y la importancia del **departamento de compras** se establecen mediante la naturaleza de las empresas dedicadas al mundo de la hostelería, su distribución geográfica y su tamaño.

Existe una diferenciación a la hora de comprar las materias primas para la producción de comida y las bebidas dependiendo de la formula de restauración ya que, no es lo mismo hacer las compras para un establecimiento de un grupo hotelero que para un restaurante de fast-food.

Por lo que, **aprovisionarse correctamente** en la industria hostelera y más concretamente en el sector de la restauración, **constituye una función esencial** para el departamento de compras.

La **compra** en sí, es un hecho aislado que se realizara después de tomar la decisión de adquirir de manera concreta uno o varios bienes o servicios.

Identificación de las necesidades:

El procedimiento que se sigue es el siguiente:

El departamento usuario solicita a compras los requerimientos de materias primas necesarios de la forma más precisa y con todas las especificaciones posibles con el fin de evitar equívocos.

Los alimentos se clasifican en dos grupos:

Perecederos	No perecederos

Alimentos Perecederos	Engloban a las siguientes familias de productos: verduras, hortalizas, carnes, pescados, aves y productos de la cuarta gama o "cocina 45". Éstos últimos deben contener la fecha de consumo preferente. Pasan directamente a la cocina para su cocinado o ensamblaje. Se almacenarán en cámaras frigoríficas según la naturaleza del producto. El jefe de cocina es el encargado de decidir las cantidades de compras que se realizan así como la previsión en el tiempo, si es para uno o varios días. Dicha previsión dependerá de: – La composición de los menús, cartas, etc. – La previsión del número de clientes que se tienen estimado atender. – Los stocks disponibles del establecimiento. – La fecha de consumo preferente.

Alimentos no Perecederos	Engloban a las siguientes familias de productos: conservas, semiconservas, bebidas, productos congelados, productos de mantenimiento, vajilla, cristalería, lencería, etc. La determinación de las necesidades es totalmente necesaria para poder realizar las propuestas de compra. Para ello se requiere una información precisa: - Análisis de los stocks de manera permanente, determinando por tanto la rotación de los mismos. - Fecha de caducidad del producto. - Tamaño, capacidad del almacén y cámaras del mismo. - Demanda de compra de los diferentes departamentos. - Capacidad y política financiera del establecimiento.

Una vez fijada la necesidad propiamente dicha, la capacidad de compra puede llevarse a cabo por uno o varios proveedores que sirvan de forma alternativa o que sirvan el mismo pedido.

La elección de los productos deberá hacerse conforme a las necesidades de cada establecimiento en función de su tipología. En el sector de la restauración se usa una variedad muy amplia de artículos, por lo que para dicha elección sea la más acertada, debemos tener en cuenta una serie de aspectos, tales como:

- El número de productos de cada gama. (Es el departamento usuario el encargado de determinar el número de productos que se van a utilizar en cada gama).
- La cantidad de producto, dependiendo del stock y de su nutrición.
- La naturaleza de los productos, si son perecederos o no perecederos.
- La variedad de los productos en el mercado.
- Los costes de cada producto, ya que indican el uso al que irá destinado.

Establecimiento de los estándares. Libro o ficha de especificación de producto

A fin de que el departamento de compras puede realizar su función lo más eficaz posible y pueda conseguir los productos pedidos o parecidos a éstos en el mercado, es necesario que cada departamento especifique las características técnicas de cada producto, bien o servicio demandado.

Para ello, existen unas fichas en las que se especifican una serie de características, las cuales son:

- El número de código con el que la empresa lo identifica.
- La familia a la que corresponde el producto, la gama y el producto en concreto.
- Las características técnicas, (descripción breve del producto) y organolépticas, (color, olor, sabor, tacto, etc).
- Aspecto visual, peso y calibre.
- Acondicionamiento y tipo de envase.
- Origen.
- Temperatura interior en la recepción del mismo (esto es aplicado en el caso de productos perecederos).
- Tolerancia.

Para que cada establecimiento hotelero adquiera una gestión de los aprovisionamientos de la forma más rápida y eficaz, deberá poseer un fichero con todos los artículos que utiliza. En la actualidad, este procedimiento esta realizado con medios informatizados.

Búsquedas y selección de fuentes de suministros

En el momento en el que conoces el producto tienes que conocer al proveedor, para ello deberás hacer los siguientes pasos:

- Identificar los proveedores potenciales
- Realizar un fichero de proveedores
- Elegir entre uno o varios proveedores

Vamos a desarrollar cada uno de los distintos pasos por separado.

El primero, **Identificación de proveedores potenciales**. Se pueden encontrar en ferias de alimentación, censos de proveedores o anuarios industriales, páginas amarillas, directorios de internet, centrales de compras…

Los proveedores seleccionados deben cumplir una serie de requisitos, tales como:

- Capacidad técnica y gestión competente.
- Personal bien entrenado.
- Seriedad y buena imagen en el mercado.
- Capacidad económica-financiera solida.
- Capacidad técnica y gestión competente.
- Disponer tanto de maquinarias como de instalaciones que cumplan con la legislación sanitaria vigente.
- Haber implantado un sistema de calidad que certifique que la empresa cumple los requisitos de la norma UNE-EN-ISO-9001.

Tales informes pueden obtenerse mediante visitas a las instalaciones, pidiendo extractos o informes bancarios, valorando su servicio y manteniendo entrevistas con representantes, etc.

El segundo aspecto, son los **ficheros de proveedores**. Éstos deben contener una serie de datos, los cuales son:

- Código alfanumérico de proveedor,
- Nombre y razón social,
- Dirección, código postal y población del proveedor.
- Nombre y apellidos del interlocutor.
- Código de la entidad bancaria.

Para finalizar, nos encontramos con el tercer aspecto, el número de proveedores que se va a tener por cada línea de producto o servicios.

A continuación vamos a esquematizar las diferencias y similitudes que existen entre un proveedor único y varios proveedores.

Proveedor Único	En el supuesto de no existir otras alternativas, solo existe un único proveedor. Esto tiene sus ventajas y sus desventajas.	
	Ventajas	Simplifica el trabajo administrativo minimizando los costes de administración.
		Logra establecer una relación de confianza y un servicio más personalizado.
		Obtiene una buena línea de descuento o bonificaciones en el precio.
	Desventajas	Riesgo de desabastecimiento, en el supuesto en el que por cualquier motivo el proveedor fallase.
		Abusos de precios y errores en el servicio provocados por el monopolio de un solo proveedor.
		Incapacidad de reaccionar ante situaciones de emergencia.
		Mal servicio y calidad por no tener competencia en los precios.
Varios Proveedores	Permite evitar la dependencia de un solo proveedor y crea un nivel de competencia respecto de la oferta de otros productos.	
	Ventajas	Crea una competencia "sana" entre los distintos proveedores que atienden los pedidos puesto que se reparten el mercado.
		Reduce el riesgo de ruptura de stock y mejora los precios.
	Desventajas	Las relaciones entre empresas y proveedores son menos personalizadas.
		Implica una mayor organización administrativa.

Emisión y seguimiento del pedido

Se puede proceder de distintas formas, por una parte se les pueden solicitar las distintas ofertas **directamente a éstos** y se comparan o se pueden solicitar mediante **centrales de compras**.

Con respecto a las **centrales de compras**, su procedimiento es el siguiente:

El establecimiento tiene que afiliarse a la central haciéndose socio pagando una cuota determinada. A raíz de ello, es la central la que se encarga de editar catálogos de proveedores y suministrarlo a sus proveedores, ofertando productos similares de varios proveedores en condiciones ventajosas.

Documentación necesaria para la realización de pedidos

Existe una serie de documentos necesarios para la realización de pedidos entre los que cabe destacar:

- Lista de mercado.
    - Se usa diariamente para la compra de los alimentos perecederos que se consumen al dia.
    - La establece el economato. Intervienen en ella, el jefe de cocina y el de compras.

- Bono de pedido.
  - Indica las cantidades a pedir, el nombre del proveedor y el precio unitario.
  - El encargado de emiter el bono es el departamenteo de compras, emitiendo original y tres copias firmadas tanto por el jefe de compras como por el de administración. Se puede realizar de manera informatizada o a mano.
- Fichero de Artículos
  - Confeccionado por el departamento de compras, posee todos los datos obtenidos en las distintas ofertas enviadas a los proveedores.
  - Se establecen especificaciones y códigos de los artículos con el fin de que si existiera alguna modificación, ésta pueda rectificarse lo más pronto posible.

La negociación de precios con proveedores. El contrato de suministro

Toda negociación que exista entre comprador y proveedor finaliza con un acuerdo que cierra la operación de compra-venta en el que se determinan las condiciones iníciales de suministro con el fin de evitar malentendidos en el futuro.

Las condiciones principales son las siguientes:

- Volumen de compra
- Precio
- Plazo de suministro
- Forma y plazo de entrega
- Temperatura
- Envases
- Líneas de descuento

El siguiente cuadro explicativo nos muestra un resumen del ciclo del proceso de compra.

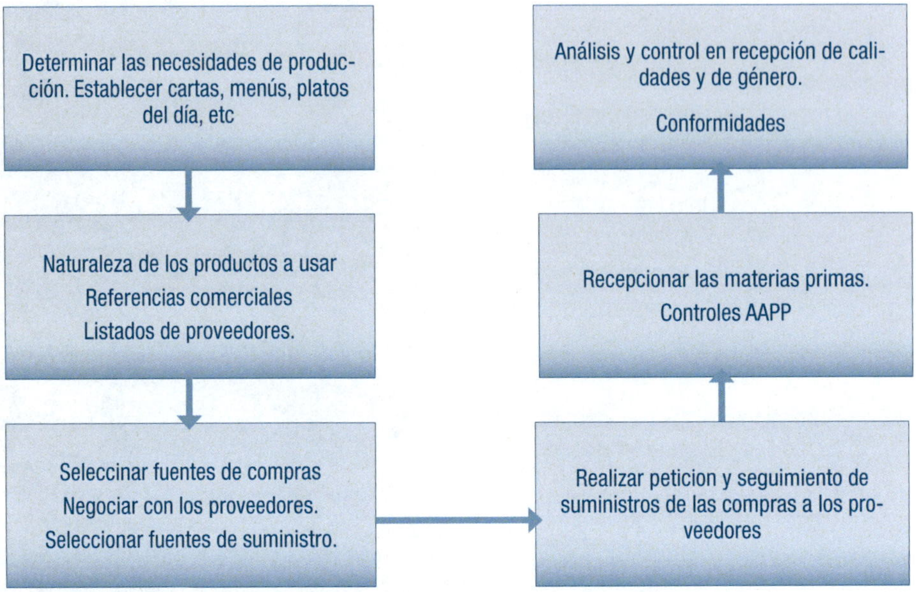

7.3. Registros documentales de compras

Control y Registro higiénico-sanitario

En todo establecimiento existen dos procedimientos de control de puntos críticos, los cuales son:

- **SAFE** (Evaluación Sanitaria del Entorno Alimentario) aunque también se le conoce bajo el nombre de Guía de Prácticas Correctas de Higiene.
- **Sistema de Análisis de Puntos Críticos**.

Éstos se basan en el almacenamiento del género, en el proceso productivo, la distribución y en el consumo.

De los dos procedimientos que existen, a continuación vamos a esquematizar de manera detallada el **SAFE**.

Es importante tener en cuenta que en el proceso de entregas de mercancías habrá que analizar lo siguiente:

- El **origen del alimento**, ya que si se trata de carne hay que pedir el marchamo donde vendrá especificada la procedencia, el sexo, la edad y la clasificación según la conformación del canal, indicada por las siglas E.U.R.O.P.A, donde éstas significan lo siguiente: E, conformación superior; U, muy buena; R, buena; O, menos buena; P, inferior; A, para uso industrial.

- El **almacenamiento:** a +4ºC o menos, debiendo usarse antes de la fecha de caducidad. Para otro tipo de productos con riesgo, se examinaran de la misma manera.

- **Las condiciones de la entrega de los alimentos** serán las siguientes:

    - Si son aves, no deben presentar exudado viscoso, bicolor anormal y su temperatura será menor a +5ºC.

    - En la etiqueta del producto deberá indicarse la fecha de caducidad del mismo.

Registro documental necesario para la gestión del proceso de recepción de géneros

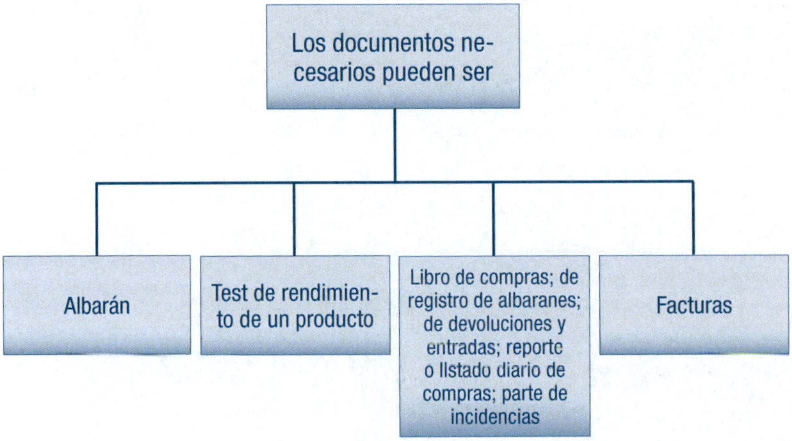

Cada uno de los documentos mencionados anteriormente cuenta con una serie de características que lo diferencia. El siguiente esquema muestra los aspectos destacables de alguno uno de ellos.

- Albarán

    - Documento emitido por el proveedor basándose en la orden emitida por el departamento de compras en el que se relacionan: los alimentos suministrados, el número de albarán, el número de bultos, el código del producto, la cantidad en peso neto, el precio unitario y el importe de cada concepto, así como el IVA desglosado y el importe total.

    - Figuran datos de los proveedores, tales como: razón social ; nombre; dirección; código postal; teléfono; fax; CIF; correo electrónico y población.

    - Consta de un documento original y tres copias de papel autocalcable.

- Parte diario de compras

    - Inpreso cuyas funciones son similares a las del libro de entradas y devoluciones. Con éste, se imputan los costes de las compras a cada departamento peticionario y consumidor, facilitando el cálculo de los alimentos consumidos.

- Posee una estructura parecida a la del informe diario de compras, la principal diferencia es que éste se queda en recepción para futuras consultas y el informe pasa diariamente al departamento de compras. Éste junto con el albarán pasa diariamente al departamento de administración, donde se cotejará con la factura, y el original del albarán, con el fin de autorizar y preparar el pago a los proveedores en la fecha prevista.

- Factura
  - Posee características similares al albarán con respecto al contenido.
  - Documento contable que justifica el pago a los proveedores de las mercancías recibidas.
  - Los datos que posee son los identificativos del cliente, del proveedor , la descripción de las mercancías servidas, los importes brutos, netos y los tipos de IVA que se van a aplicar.

7.4. El inventario permanente y su valoración: métodos de valoración de existencias

La **zona administrativa del economato** deberá estar dotada de:

- Sillas y mesas de trabajo, archivadores para las fichas de inventario permanente (siempre que el proceso de gestión de stocks no esté informatizado, teléfono, fax, etc.
- Diferentes tipos de impresos para anotar las salidas e imputar el cargo al departamento que corresponda.
- Documentos de control de cámaras y almacenes (SAFE), dependientes del economato con el fin de garantizar el orden, la higiene, la temperatura y la rotación de los stocks.
- Libros de registro de inventarios y de las diferencias entre el inventario real y el permanente.
- Impresos para la valoración y realización de inventario físico o permanente, conocidas con el nombre de "fichas de inventario permanente", las cuales sirven para conocer en cada momento el nivel de stock por artículo y el valor económico del mismo.

En relación con lo anterior, **el inventario físico** se realiza de manera periódica y su finalidad es comprobar las existencias reales de los artículos almacenados, compararlo con el inventario permanente y realizar la conciliación de ambos, anotando en la fecha de inventario permanente la cantidad real de artículos en existencia.

El **Relevé de cocina**, es un **inventario permanente** de los géneros existentes en cocina que sirve de apoyo al jefe de cocina para hacer los pedidos de mercado y calcular el valor de lo consumido por diferencia del inventario.

A continuación vamos a especificar los dos aspectos más destacables del **inventario permanente.**

- Los **artículos**, que se codifican por familias, subfamilias y producto.
- La **ficha,** que se divide en dos partes:
  - **Unidades físicas** (compuestas de la fecha, el stock inicial, las entradas en almacén, las cesiones, las salidas y el stock final)
  - Valoración (que pueden ser FIFO, LIFO, media ponderada, etc) con los siguientes apartados: valor de entrada, valor de cesión, valor de los stocks (tanto inicial como final), valor de consumo o de salidas y precio unitario.

Con respecto al **inventario físico**, cabe especificar que es un documento impreso en el que figuran los artículos habituales de consumo en el establecimiento agrupados por familias con los siguientes datos:

- Código de artículo
- Artículo
- Unidades
- Cantidad en stock
- Precio unitario
- Valor.

Se estiman todos los artículos anotando el subtotal y finalmente se valora el total sumando las cantidades parciales de los distintos grupos de alimentos.

El **relevé diario** consiste en un documento impreso en el que se anotan los géneros existentes en la cocina.

Valoración de las salidas de mercancías del almacén

Existen una serie de métodos que sirven para valorar las salidas del almacén, tales como: LIFO, FIFO, NIFO, HIFO, precio estándar, media ponderada, etc. Actualmente, el método que más se usa es la media ponderada.

El mercado es el responsable de las variaciones de los precios, ya que éstos constantemente sufren variaciones tanto al alza como a la baja, de tal modo que los precios estarán cada vez de forma diferente, lo que supone que aquellos artículos que salgan del economato con destino a la cocina, planteen problemas de valoración, usando para ello los métodos mencionados anteriormente.

- **Criterio FIFO**, (First in, First Out. "Primero en entrar, primero en salir"). En éste cada artículo que sale del almacén se valora al precio del que más tiempo lleva en el mismo hasta agotar ese lote. En el supuesto en el que la cantidad que sale es mayor que la que había más antigua, la diferencia se le aplica al precio del lote siguiente más antiguo, y así sucesivamente.

- **Criterio LIFO**, (Last in, first out. "Último en entrar, primero en salir). En él, cada artículo que sale del almacén se valora al precio de la última entrada hasta que se agote ese lote. En el supuesto en el que la cantidad que sale es mayor que la última partida que entro, la diferencia se le aplica al precio de la penúltima entrada, y así sucesivamente.

- **Criterio de la media ponderada**. En éste, cada salida del almacén se valora al precio medio del número de existencias que hubiera, en ese momento en concreto. El precio medio se calcula con cada entrada y cada salida y se valora con respecto al último cálculo de precio efectuado.

Análisis de inventarios. Métodos 20-80 y ABC

Es preciso controlar los stocks en dos situaciones concretas:

- Si el número de artículos a controlar es importante.
- Si existen suficientes imprevistos en el proceso de producción, tales como:
  - Fallos en el proceso de cocina-servicio.
  - Aumento o disminución de consumos no previstos.
  - Rupturas de stock o retraso en el reaprovisionamiento.
- Debido a ello, los artículos se clasifican según sea su valor en dos métodos:
  - **Método 20-80**
  - **Método ABC.**

A continuación vamos a desarrollar ambos métodos.

- **Método 20-80**

  En éste, el 20% de los artículos consumidos representan el 80% del valor de este mismo consumo; mientras que el 80% restante de los artículos consumidos sólo representa el 20 % del valor de artículos consumidos.

- **Método ABC**

  En éste, los géneros equivalen a las categorías. Por lo que el método considera de primera categoría a los artículos cuyo valor de consumo representa entre el 65% y el 75% a los de segunda categoría entre el 20 y el 25 % y a los de tercera categoría cuyo valor está entre el 5 y el 10%.

UD7

lo máS importante...

- **Aprovisionarse** es surtirse de bienes y servicios que las empresas de hostelería requieren para producir y funcionar con regularidad.

- Los **principales objetivos del departamento de economato y bodega**, se simplifican en: administrar las cantidades en stock para hacer un seguimiento de los flujos de las mercancías y así conocer en todo momento la disponibilidad de las mismas, y organizar la distribución de las mercancías que se reciben, evitando pérdidas de deterioro, obsolescencia o robo.

- El **mantenimiento de stocks** de cualquier empresa sirve para producir al ritmo que el cliente demanda.

- **El tamaño del stock óptimo**, será aquel que minimice el coste de posesión, que ofrezca cierta seguridad en la producción y que permita hacer frente a posibles contratiempos.

- La **rotación de stock** se cuantifica mediante un cociente donde el inventario actual es el numerador y el consumo del periodo analizado, es el denominador.

- El **SAFE**, es un procedimiento de control de puntos críticos, denominado Evaluación Sanitaria del Entorno Alimentario, también conocido bajo el nombre de Guía de prácticas Correctas de Higiene.

- Los **documentos necesarios para la gestión del proceso de recepción de géneros** son: el albarán, el test de rendimiento de un producto, el libro de compras, de registro de albaranes, de devoluciones y entradas, de parte de incidencias y las facturas.

- El criterio **FIFO**, se refiere a "primero en entrar, primero en salir", mientras que el **LIFO,** se refiere a "ultimo en entrar, primero en salir".

- Con respecto a los análisis de inventarios, existen dos métodos: el **Método 20-80 y el ABC.**

UD7

autoEvaluación

1. Uno de las funciones más importante del responsable del economato es la de controlar las entradas y salidas del género...

a) Desde la recepción a la bodega.
b) Desde la administración a la bodega.
c) Desde y al economato, únicamente.
d) Desde y al economato y a la bodega.

2. ¿Qué entendemos por tamaño del stock óptimo?

a) Aquel que minimice el coste de rotación ofreciendo inseguridad en la producción, y permitiendo hacer frente a cualquier contratiempo que surja.
b) Aquel que maximice el coste de rotación, aunque ofrezca cierta inseguridad en la producción, y permitiendo hacer frente a cualquier contratiempo que surja.
c) Aquel que minimice el coste de posesión, que ofrezca cierta seguridad en la producción, y que permita hacer frente a cualquier contratiempo que surja.
d) Ninguna de las respuestas anteriores es correcta.

3. ¿Qué es el punto de pedido?:

a) Punto de pedido = plazo de entrega + el stock de seguridad.
b) Punto de pedido = (plazo de entrega – el stock de seguridad) x el consumo medio.
c) Punto de pedido = (plazo de entrega x consumo medio) + el stock de seguridad.
d) Punto de pedido = (stock de seguridad x plazo de entrega) + consumo medio

4. Los alimentos no perecederos se caracterizan por:

a) Almacenarse en cámaras frigoríficas según la naturaleza del producto.

b) Englobar a productos tales como las verduras, hortalizas, carnes y pescados.

c) Englobar a productos tales como las conservas, semiconservas, productos congelados y productos de mantenimiento.

d) Ninguna de las respuestas anteriores es correcta.

5. ¿Qué significan las siglas SAFE?:

a) Evaluación Sanitaria y Funcional Alimentaria.

b) Evaluación Sanitaria del Entorno Alimentario.

c) Evaluación Sanitaria de la Alimentación Europea.

d) Evaluación Sanitaria Europea de la Alimentación.

6. En el proceso de entregas de mercancías, las condiciones de entrega concretamente de las aves deberán ser:

a) Bicolor anormal y temperatura menor a +5ºC.

b) Bicolor anormal y temperatura mayor a +8ºC.

c) Bicolor anormal y temperatura mayor a +5ºC.

d) Bicolor anormal y temperatura menor a +2ºC.

7. ¿Qué es el parte diario de compras?:

a) Un impreso cuyas funciones son similares a las del libro de entradas y devoluciones.

b) Un documento estructurado de manera similar a la del informe diario de compras.

c) Un impreso cuyas características son similares al albarán en cuanto al contenido.

d) La A y la B son respuestas correctas.

8. ¿A qué nos referimos cuando hablamos del inventario físico?:

a) Es un documento impreso en el cual figuran los artículos habituales de consumo en el establecimiento agrupados por familias.

b) Es un documento que se realiza de manera periódica, cuya finalidad es comprobar las existencias reales de los artículos almacenados.

c) Es un documento cuya finalidad es la misma que la del inventario permanente.

d) Tanto la opción A como la B son correctas.

9. Cuál es la traducción del término LIFO?

a) Último en salir, primero en entrar.

b) Primero en entrar, primero en salir.

c) Último en entrar, primero en salir.

d) Primer en salir, primero en entrar.

10. ¿En qué consiste el método ABC?:

a) En él los géneros equivalen a las categorías. Dicho método considera de primera categoría a los artículos cuyo valor de consumo representa entre el 65% y el 75%a los de segunda categoría entre el 20% y el 25% y a los de tercera categoría cuyo valor está entre el 5% y el 10%.

b) En él los géneros equivalen a las categorías. Dicho método considera de primera categoría a los artículos cuyo valor de consumo representa entre el 65% y el 75%a los de segunda categoría entre el 20% y el 25% y a los de tercera categoría cuyo valor está entre el 15% y el 20%.

c) En él los géneros equivalen a las categorías. Dicho método considera de primera categoría a los artículos cuyo valor de consumo representa entre el 55% y el 75%a los de segunda categoría entre el 30% y el 35% y a los de tercera categoría cuyo valor está entre el 5% y el 10%.

d) En él los géneros equivalen a las categorías. Dicho método considera de primera categoría a los artículos cuyo valor de consumo representa entre el 55% y el 65%a los de segunda categoría entre el 30% y el 35% y a los de tercera categoría cuyo valor está entre el 5% y el 10%.

hostelería y turismo

UD8

Aprovisionamiento interno de géneros y productos

8.1. Documentos utilizados en el aprovisionamiento interno y sus características
8.2. Sistemas utilizados para detectar las necesidades de materias primas
Lógica del proceso de aprovisionamiento interno
8.3. Departamentos o unidades que intervienen
8.4. Deducción y cálculo de necesidades de géneros, preelaboraciones y elaboraciones básicas
8.5. Formalización del pedido de almacén y su traslado
8.6. Recepción y verificación de la entrega
8.7. Traslado y almacenamiento y/o distribución en las distintas áreas
8.8. Control de stocks

hostelería y turismo

8.1. Documentos utilizados en el aprovisionamiento interno y sus características

Enmarcados en el aprovisionamiento interno de la cocina, existen una serie de **documentos** por los que se rigen el control de los géneros y productos culinarios. Su clasificación se divide según:

- Recibe:
  - Comandas.
  - Albaranes: proveedores.
  - Vales/bonos: entre las partidas. (de....a...).
  - Parte de ocupación diaria: (De la recepción del hotel).
- Emite:
  - Vales/bonos: al resto de departamentos.
  - Hojas de pedido a mercados:
    1. Directamente a proveedores.
    2. Directamente al departamento de compras.
    3. Directamente al economato.
- Tramita o controla:
  - Ficha técnica de alimentos.
  - Escandallos.
  - Relevé.
  - Parte diario de consumos.
  - Estado de cámaras.

Instrumentos para el control

Documentos internos de cada establecimiento que ayudan a verificar y controlar que los gastos de género de un período de tiempo o un día se ajustan con las entradas. A su vez, vigilan las posibles desviaciones producidas por un mal racionado, robo, por un uso indebido, desechado por mala conservación, etc. Y en este caso servirán para hacer las oportunas correcciones o almacenamientos idóneos.

Lo cierto es que cada departamento posee sus propios modelos de control en armonía con la actividad que desarrolle.

Los **albaranes**, son documentos externos cuya misión también es la de ayudar y facilitar el control.

El albarán: en el departamento de economato y bodega, el albarán es el documento de control interno que se archiva una vez verificado y cotejado con la hoja de pedido a proveedores (copia) mandada por el departamento de compras y comprobado con los géneros descritos.

Debe ir firmado por el encargado del economato y bodega o por la persona responsable del mismo.No existen ni hojas de pedidos ni albaranes igualados. No obstante en éstos deben figurar:

Nombre y razón social del ptroveedor	Número de albar	C.I.F.
Número de registro sanitario	Total de factura	Teléfono/fax
Relación de artículos, describiendo cantidades, peso y precio unitario	I.V.A.	Precio total

El reporte de compras diario: se trata de un documento de control interno que vigila todas las compras del día, así como lo que atañe a cada departamento en su almacenamiento o consumo.

El departamento de compras será el encargado de comprobar mediante el albarán este documento, haciéndole responsable del consumo correspondiente por departamento con el fin de cotejar y corregir las posibles desviaciones sobre los objetivos de la empresa en cuanto a gastos, costes y beneficios.

En él deberá figurar:

- Géneros
- Número de orden de albarán
- Nombre del proveedor
- Departamentos implicados
- Totales

Ficha de inventario permanente

Es un documento de control interno cuyo objetivo principal es conservar al día las existencias correspondientes a cada stock. Principalmente hace referencia a los géneros no perecederos.

El encargado del economato y bodega la emplea como referencia para controlar los stocks máximos y mínimos de cada producto, debiendo indicar el momento de su petición al haber llegado al stock de seguridad.

Las entradas se manifiestan con el precio de compra (albarán), sin embargo en la salida se evalúan según el sistema de valoración aplicable en cada establecimiento.

Debe constar de:

- Stock máximo y mínimo
- Nombre del artículo-proveedor
- Fecha de entrada
- Cantidad de entrada
- Fecha de salida
- Existencia
- Precio de entrada
- Precio de valoración del stock

Vale/bonos de pedidos

Vale/Bonos de pedidos: se trata de un documento totalmente interno. Definida como la moneda de cambio de los establecimientos, emitida por cada departamento en función de sus necesidades.

Usada como justificante de las salidas del economato. Es el encargado de los consumos de los departamentos, por lo que cada cantidad que se solicita será dada de baja en la ficha del inventario permanente, al mismo tiempo que se incluirá en el parte de consumo diario.

Deberá constar de:

- Nombre del departamento solicitante
- Numeración
- Enunciado del departamento que lo entrega
- Relación del artículo
- Fecha y firma del responsable

Parte de Consumos diarios

Parte de consumos diarios: su utilidad es la de relacionar todas las salidas del día llevadas a cabo en el área del economato efectuadas por los vales de pedidos y cargar los consumos a los distintos departamentos. Todo ello debe estar controlado y verificado por el departamento de compras.

Debe constar de:

- Géneros
- Cantidad
- Precio de salida
- Importes

Medios informáticos

Con el transcurso del tiempo, la informática ha logrado hacerse un hueco en este campo, consiguiendo hacerse indispensable, agilizando todo el proceso, llevándolo a cabo de forma simultánea en conexión directa tanto con administración como con gestión, e incluso en algunos casos, con el resto de departamentos.

Existen distintos programas que contendrán las siguientes prestaciones:

Consultas de existencias	Altas/Bajas	Entradas/Salidas
Emisión de documentos	Se trabajan con ficha en pantalla	Emite todas las anotaciones diarias pedidas
Proporciona datos estadísticos	Proporciona datos contables	Proporciona valores de stoks

A continuación vamos a ver instrumentos que se consideran indispensables tanto para la gestión de un pequeño establecimiento como para de un hotel.

Hojas de pedido a mercado (proveedores)

Documento de cocina cuya utilidad principal es la de que el jefe pueda ajustar las necesidades diarias o especificas, dependiendo de las previsiones y tipos de servicio (menú, carta, banquetes, etc.)

Cada establecimiento posee la suya propia, no obstante en la misma aparecerá:

- Relación de la propuesta de pedido.
- Proveedor.
- Cantidades.
- Fecha y firma.

Ficha técnica del alimento

Su utilidad principal es la de tomarla como referencia con respecto a los ingredientes que componen un plato a fin de calcular costes y establecer beneficios, teniendo en cuenta que los componentes de un plato pueden sufrir modificaciones.

Escandallo

Documento que fija el rendimiento de un producto perecedero y su precio según los procesos derivados de su transformación.

Relevé

Con el fin de obtener el consumo diario y tomando como base el inventario primero, es la parte del consumo llevada a cabo por cocina en el que se añaden las entradas y se resta el stock final.

Comanda

Vale que de forma triplicada transmita las peticiones del cliente tanto a cocina como a bodega.

Por lo general en cocina se queda el original, previamente sellado.

El jefe de cocina es el que realizará el recuento de comandas al finalizar el servicio, formando parte de la cumplimentación del relevé y del pedido del día siguiente.

↺ Vales

En la organización tradicional de una cocina se usan como medio de control entre las partidas, principalmente los del cuarto frio.

8.2. Sistemas utilizados para detectar las necesidades de materias primas
Lógica del proceso de aprovisionamiento interno

Las cantidades que se necesiten comprar de cada producto, deben realizarse en función de:

- Stock máximo
- Stock mínimo
- Stock de seguridad.

Para ello, se complementara con la ficha de inventario permanente. A continuación especificaremos cada uno de ellos.

Stock Mínimo	Lo compone la cantidad requerida de un producto en un almacén capaz de cubrir su demanda hasta el momento de la reposición
Stock Máximo	Es el tope que se debe almacenar de una mercancía en concreto, con el fin de evitar su deterioro y provocar los mínimos costes.
	Su cálculo se realiza en función al consumo, precio, rapidez de aprovisionamiento y capacidad de almacenaje.
Stock de Seguridad	Porcentaje de aumento en reserva sobre el stock mínimo con el fin de evitar la ruptura del stock.
	Éste puede proceder por un retraso en el aprovisionamiento, por causas accidentales o por un aumento inesperado en el consumo de un género.

8.3. Departamentos o unidades que intervienen

Los departamentos que intervienen son los siguientes:

Economato/Bodega	Cocina	Restaurante/Bar

Economato/Bodega

El **economato** ejerce una función de control sobre géneros entrantes, sobre su salida y su almacenamiento y sobre su custodia.

Según el tipo de establecimiento podrían darse los siguientes supuestos:

- Entrada de géneros a economato, cocina y luego a comedor.
- Entrada de géneros directamente a cocina, sin pasar por economato.
- Entrada de géneros directamente al comedor, sin pasar por cocina ni economato.
- Entrada de géneros directamente al comedor, sin pasar por cocina, procedentes de economato.

Realizar un control sobre estos movimientos es muy complicado, por lo que resulta preferible unificar todas las entradas y centralizarlas mediante el economato, siendo éste el responsable de distribuir los diferentes géneros a todos los departamentos (incluyendo algunos perecederos).

Cocina

La planificación del trabajo dependerá del tipo de sistema productivo, conforme a las características del establecimiento; bien puede ser un restaurante que trabaje a la carta o con menú, o un hotel que atienda tanto las necesidades diarias como las contrataciones especiales, las comidas del personal o el room-service.

El **jefe de cocina** debe tener conocimiento de todos los datos anteriormente mencionados. El documento por el cual adquiriera la información se lo proporcionara la recepción del establecimiento, ya que mediante la misma podrá conocer la ocupación del establecimiento, además del régimen de pensión alimenticia, los eventos especiales del día, los eventos fututos, etc pudiendo así, planificarse y tener una mayor previsión.

El **orden de trabajo diario de un jefe de cocina** se caracteriza por:

El jefe de cocina planificará la jornada comenzando la víspera realizando el relevo correspondiente para con sus datos y las previsiones enviadas por recepción. A continuación se cumplimentara la Hoja de Pedidos tanto a mercado como a Economato, supervise la Mise en Place de cierre y de por finalizada la jornada.

Restaurante/Bar

A continuación vamos a desarrollar los servicios de Restauración que oferta el hotel, recordando que al igual que sucedía en el apartado anterior, en este podemos confirmar que sin una compenetración entre los diferentes departamento, el esfuerzo de cada uno de ellos no se verá reflejado en unos resultados de calidad óptimos.

En dicha planificación, continúan con las mismas pautas en lo que respecta a la previsión de ocupación diaria, es decir, eventos contratados + servicios propios del establecimiento.

Las actividades que corresponden a la "Mise en Place," harán que tengan en cuenta nuestros recursos humanos y materiales, al igual que tendrán que ocurrirá con los de otros departamentos.

Estas actividades están enfocadas a:

Limpieza de local y mobiliario (por el departamento encargado)	Distribuccion de mesas y aparadores segun necesidades (menú/carta, banquetes con sus distintas posibilidades en los montajes, etc.)	Petición y preosición de género "no perecedero" a Economato; ademas de vinos y aguas a Bodega
Retirada y repaso de material o aprovisionamiento de "material extra"	Montaje propiamente dicho	Disposición de la oferta a la vista de la clientela del hotel y la de paso
Planificación del servicio	Servicio propiamente dicho	Misse en Place de cierre

8.4. Deducción y cálculo de necesidades de géneros, preelaboraciones y elaboraciones básicas

El departamento solicita a compras los requerimientos de materias primas y bienes y servicios para poder identificar las necesidades.

- Perecederos
- No perecederos

Los alimentos se clasifican en dos grandes grupos:

Los alimentos perecederos comprenden familias de productos tales como:

- Carnes
- Aves
- Pescados
- Verduras frescas

- Frutas
- Productos de cuarta gama
- Productos de quinta gama

En estos los últimos deberá aparecer la fecha de caducidad de consumo preferente.

Las cantidades que se han de comprar las establece el Jefe de Cocina para uno o varios días, según la presión de producción que posean. Pueden depender de una serie de factores, tales como:

- Los stocks disponibles que tengan en el establecimiento.
- La previsión del número de clientes que se van a atender.
- La composición de la oferta gastronómica.
- La fecha de caducidad o fecha límite de ciertos productos.

Los alimentos no perecederos comprenden los siguientes grupos:

- Productos de conservas
- Productos congelados
- Productos de limpieza
- Vajilla
- Lencería, etc.

Establecer las necesidades es algo indispensable para llevar a cabo las propuestas de compras, no obstante, para ello, se precisará información relativa a los siguientes aspectos:

- Capacidad y política finaniera del establecimiento
- Fecha de caducidad del producto
- Tamaño y capacidad del almacén y cámaras
- Demanda de compra de los diferentes departamentos
- Análisis de los stocks de forma permanente

En el momento en el que la necesidad está establecida, se han de elegir que productos son los más adecuados para el establecimiento.

Con el fin de que dicha elección sea la más adecuada, hemos de tener en cuenta una serie de aspectos tales como:

- El coste de cada producto o análisis de valor
- Naturaleza de los productos: perecederos y no perecederos
- Variedad de los productos en el mercado
- La cantidad de producto, dependiendo de como sea cada stock y la rotación del mismo
- El número de productos de cada gama

8.5. Formalización del pedido de almacén y su traslado

En función de las necesidades que el establecimiento posea, es el **Jefe de cocina el encargado de planificar** el "mise en place" o jornada.

Para tal fin, se realiza el pedido de almacén, según la organización interna parte de este aprovisionamiento lo efectúan o los ayudantes de cocina, mediante vales a economato o puede ser llevado a cabo el ayudante de economato y su posterior traslado a cada departamento expedidor del vale.

El **vale** llevara como mínimo dos copias además del original, la distribución de los mismos será de la siguiente forma:

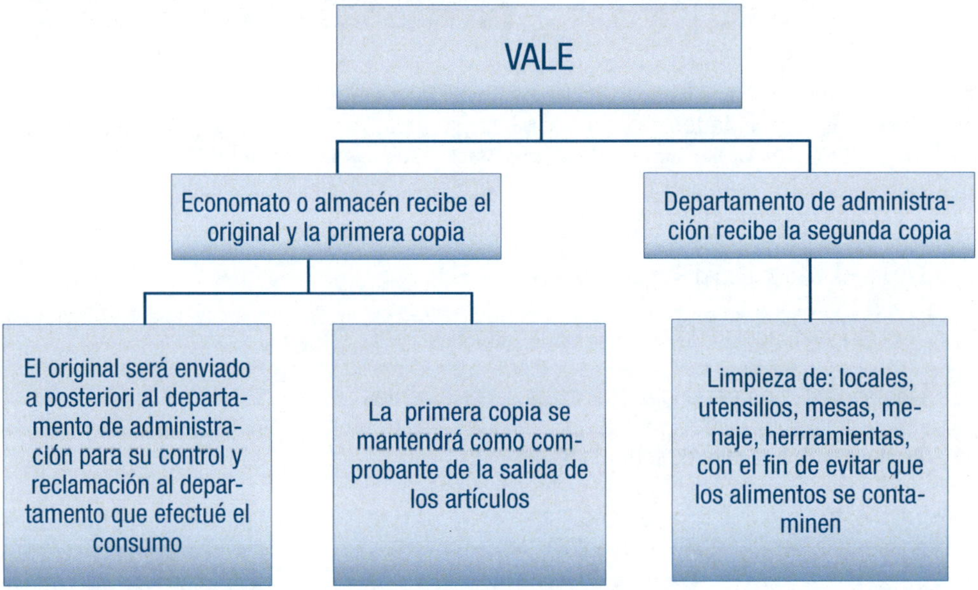

8.6. Recepción y verificación de la entrega

En el momento en el que el pedido esta formulado a Economato y se produce el traslado del ayudante de economato a la cocina o al departamento que lo solicita, se lleva a cabo la recepción y verificación de la entrega. Ésta suele hacerse con el jefe de cocina o la persona encargada de elaborar el pedido, ayudándose para esto de la copia del vale con el fin de comprobar que el pedido esta correctamente.

De aquí se distribuirá al área o departamento especifico que lo solicito.

A continuación vamos a ver un esquema en donde se aprecia los supuestos para un pedido:

8.7. Traslado y almacenamiento y/o distribución en las distintas áreas

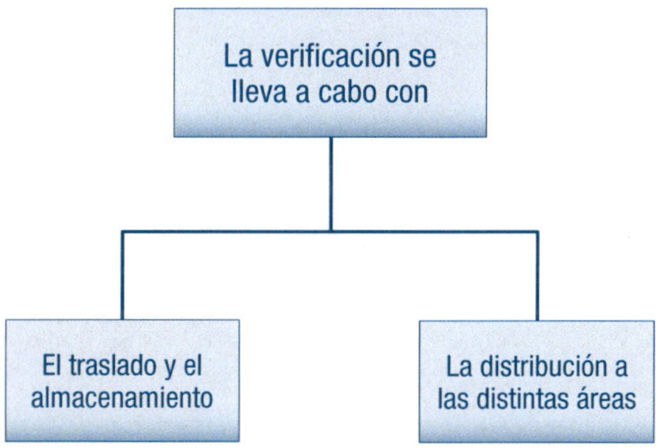

Al **almacén de la cocina** se pueden trasladar cuando se den tales supuestos:

- Si no son productos que se usen inmediatamente o
- Si son productos de uso diario, los cuales se distribuirán a cada área en concreto para su posterior utilización.

El ayudante de cocina será la persona que se encarga de dicha misión, en su defecto será el personal de limpieza.

Hemos de recordar que la recepción se realizará en unas horas predestinadas por los departamentos implicados, debiendo ser cumplidos para no provocar interferencias entre los distintos procesos de elaboración/servicio.

Procederemos con el almacenamiento de los géneros, distinguiendo cada punto como parte del **Control de Calidad**, el cual discrimina las materias primas, géneros y demás y desecha los que no superen el CONTROL.

- Envases.
- Equipos, maquinaria, local.
- Instrumentos para su control.

Envases: ubicación dentro del establecimiento

El envase puede ser un medio de protección ante diversos factores tales como:

- Humedad.
- Oxidación producida por el oxigeno del aire.
- Luz.
- Insectos y roedores.

Por lo que, si nos centramos en ello, habrá que tener una consideración previa de los géneros dividiendo en No perecederos y perecederos.

- **No Perecederos**
    - La reubicación dentro del establecimiento dirigirá su situación atendiendo a su naturaleza y presentación (ya sea congelado, empaquetado, enlatado, etc.) afectando en su localización o situación (estanterías, colgado, etc.).
    - Sin embargo, siempre hay que respetar la norma de su presentación.
- **Perecederos**

    Es conveniente realizar alguna consideración sobre los materiales de los contenedores de géneros perecederos antes de su paso por las distintas cámaras. A continuación especificaremos los más destacables, son los siguientes:

    - **Cristal:** Envase higiénico en cuanto a las alteraciones que pueda sufrir el género. Como aspecto negativo, destacar que es susceptible de sufrir roturas en las cámaras inutilizando el contenido además de arriesgarse a estropear otros géneros cercanos.
    - **Plástico/pvc, etc**: No se recomienda para el uso de alimentos ácidos. Se usa frecuentemente debido al gran número de formatos, capacidades, etc. Destacar que se adapta a cualquier espacio y es apto para la mayoría de los géneros, eso sí, en buenas condiciones de conservación.
    - **Acero inoxidable:** Como desventaja hay que destacar su elevado precio, sin embargo, esto se contrarresta con la ventaja que muestra desde el punto de vista de la prevención de toxiinfecciones, ya que no provoca ninguna reacción química ni altera ningún producto.
    - **Otros:** En este apartado destacaremos el papel, el laminado de aluminio, etc.

Equipos/Maquinaria/Local

Con respecto a los equipos podemos señalar determinados aspectos, aunque no son los únicos. Éstos son:

- Estanterías metálicas (enrejadas para favorecer la circulación del aire).
- Básculas (manuales, electrónicas.
- Mesas (material inalterable).
- Silos (harina, azúcar).
- Botelleros.

I. Las Cámaras

Cámara: espacio destinado a la conservación de los géneros perecederos a medio y largo plazo mediante el frio.

Consideradas como el anexo de las cocinas. Existen distintos tipos de cámaras pero todas tienen que tener una serie de características en común, las más destacables son:

- Paredes y Suelos con ligera vertiente que facilite la limpieza; revestidos o forrados por materiales que no precisen el empleo de determinados productos de limpieza abrasivos o que trasmitan olor o sabor.
- Ganchos, en aquellas que estan destinadas para las carnes.
- Puertas con la anchura suficiente para que la entrada y salida de mercancías sea viable con posibilidad de apertura interna y siempre próximas a la recepción de géneros y a la cocina.
- Estanterías de material resistente , de limpieza fácil y buena maniobrabilidad en su interior.
- La luz propia.

Las conocidas bajo el nombre de "cocinas de obra", suelen estar en grandes establecimientos. Parten de una antecámara que recibe frio de manera indirecta, sin motor (de 4 a 71), de la que parten diferentes espacios cerrados e independientes que pueden ser:

- Cámara de pescados: de 0 a 21.
- Cámara de carnes: de 0 a 31.
- Cámara de lácteos y derivados: de 0 a 41.

- Cámara de género cocinado: de 3 a 51.

- Congelador: -18 a -281 y Ultracongelados: -40, -801.

El tiempo de conservación en las cámaras se considera, " a corto y a medio plazo...". Los ayudantes de todas las partidas son los encargados de la ubicación de los diferentes géneros, aunque estará supervisado por el jefe de cocina.

Para llevarlo a cabo tienen que tener en cuenta una serie de pautas, las cuales son:

Respetar el orden de la entrada	Dar salida primero a los géneros preferentes	Vigilar sus condiciones de limpieza, (antes, durante y despues de la jornada laboral)
Adecuar los géneros a los recipientes	Seguir la normativa en cuanto a manipulacion de géneros	

Con respecto a los congelados, el tiempo de conservación de éstos se considera "a medio y largo plazo", teniendo en cuenta que aspectos como el etiquetado, fechado o envasado de los géneros.

II Armarios Frigoríficos

Armarios frigoríficos: son cámaras pequeñas situadas dentro de la cocina caliente, también pueden ser un cuarto frío con instalación incorporada o un cuarto separado los cuales se usan como auxiliar en la conservación y refrigeración de géneros.

En establecimientos pequeños y en determinadas ocasiones, reemplazan a las cámaras propiamente dichas, provocando una serie de inconvenientes, como pueden ser: género reseco, espacios muy limitados, mezcla de sabores y olores o posible congelación de los productos.

III. Mesas y mostradores de conservación

Mesas y mostradores de conservación: son mesas situadas por lo general, en la mesa caliente, cuya función principal es la de conservar los géneros de uso frecuente e inmediato para el servicio.

El mostrador es independiente, variando en función de si está expuesto al público o si está situado en la cocina.

Puede ser de muchas formas puesto que las posibilidades son infinitas, revestido en madera, con cristal, con espejo, etc.

IV. Otros armarios de conservación

Otros armarios de conservación: son los que se encuentran instalados en las cocinas auxiliares o se usan para determinados acontecimientos.

Existen una gran variedad, de entre los que destacamos:

- Envasadora al vacío

  Permite conservar durante más tiempo y mejora las condiciones de todo tipo de género, con independecia de que sean frescos o elaborados.

- Mueble congelador

- Abatidor de frío

  Mediante el enfriamiento de choque evita el crecimiento de gérmenes o de fermentación en género sometidos al calor, facilitando su conservación posterior

8.8. Control de stocks

Como hemos mencionado en ocasiones anteriores, las **cantidades a comprar de cada producto** deben realizarse en consonancia al stock máximo, mínimo y de seguridad que en cada una de ellas se debe fijar.

El **stock influye en el precio** del coste global de cualquier producto, sin olvidar que tanto el género perecedero como el no perecedero las fluctuaciones en el mercado son asiduas.

El mantenimiento de stocks en una empresa facilite el poder producir al ritmo que demanda el cliente, mientras que en un establecimiento hostelero, un cliente demanda lo que quiere comer y es en ese mismo momento en el que se le produce el pedido.

No obstante, también es conveniente mantener un nivel de stocks en cámaras y almacenes determinado.

El **tamaño del stock** debe ser tal que minimice el coste de posición, sin embargo, nos debe ofrecer también una determinada seguridad en la producción, permitiéndonos hacer frente a posibles eventualidades.

Para llevar a cabo el **control de stocks**, se necesitan:

- El punto de pedido
- La cantidad económica de pedido
- El coste de posesión.

A continuación, vamos a especificar cada uno de estos aspectos:

Punto de pedido (cuándo pedir)	Cantidad económica de pedido	Coste de posesión
Se refiere al nivel de existencias que hay que tener para cubrir las necesidades de un establecimiento	Los pedidos han de permitir reducir los costes de emisión del pedido (hay que pedir menos veces pero cantidades mayores) y los de posesión, (hay que poseer un nivel adecuado de stock)	Se trata del coste que se produce por mantener un nivel determinado de stocks

UD8

lo máS importante...

- El aprovisionamiento interno de materias primas y los circuitos documentales, quizá sea uno de los mayores problemas al que se han de enfrentar los gestores de establecimientos hosteleros hoy en dia.

- Los documentos por los que se rigen el control de los generos y productos culinarios se clasifican en los que reciben, los que emiten o los que tramitan o controlan.

- Los instrumentos usados en el aprovisionamiento interno, con el fin de controlar y verificar los gastos, vigilando las posibles desviaciones producidas por robo, uso indebido, etc. Instrumentos tales como los albaranes, el reporte de compra diario, la ficha de inventario permanente, los vales o bonos de pedidos, los parte de consumos diarios, etc...

- Los procedimientos para llevar a cabo la ejecución y distribución del aprovisionamiento interno pueden representar un factor de impulso en la organización si presenta una respuesta positiva a la misma. Sin embargo, si estos procesos no se llevan a la práctica de una forma adecuada, se puede encontrar con desviaciones que pueden hacer que las cuentas de explotación del establecimiento se vean afectadas de manera negativa.

UD8

autoEvaluación

1. Los documentos que se usan en el aprovisionamiento interno de la cocina se dividen en:

a) Documentos que únicamente emitan y/o controlan.

b) Documentos que únicamente recibe y/o emite.

c) Documentos que recibe, emite y tramita o controla.

d) Ninguna de las respuestas anteriores es correcta.

2. Los instrumentos para el control son documentos internos de cada establecimiento que sirven para:

a) Ayudar a verificar y controlar que los gastos de género de un periodo de tiempo o un día se ajustan con las entradas.

b) Ayudar a verificar y controlar que los gastos de género de un período de tiempo o un día se ajustan con las salidas.

c) Ayudar a controlar que los gastos de género de una semana se ajusten con sus salidas correspondientes.

d) Ayudar a controlar que los gastos de género de un mes se ajusten con sus salidas correspondientes.

3. El albarán se considera un documento de control...

a) Externo, el cual se archiva cuando se coteja con la hoja de pedidos a proveedores.

b) Interno, el cual se archiva cuando es firmado por el encargado del departamento de compras.

c) Interno, el cual será archivado una vez sea verificado y cotejado con la hoja de pedidos a los proveedores mandada por el departamento de compras y comprobado con los géneros descritos.

d) Externo, el cual será archivado una vez sea verificado y cotejado con la hoja de pedidos a los proveedores mandada por el departamento de economato y bodega.

4. ¿Qué no debe faltar en una hoja de pedidos o albarán?

a) Nombre de la persona a la que va dirigido.
b) Relación de artículos, describiendo cantidad, peso y precio unitario.
c) Nombre del encargado del economato o bodega.
d) Nombre de los departamentos implicados de la empresa que suministra dicho pedido.

5. ¿Qué es el reporte de compras diario?

a) Documento de control externo que vigila todas las compras semanales.
b) Documento de control interno que vigila todas las compras del día.
c) Documento de control externo que vigila todas las compras que realiza exclusivamente el economato y la bodega.
d) Ninguna de las respuestas anteriores es correcta.

6. ¿A qué llamamos vale/bono de pedidos?

a) Documento externo a la empresa.
b) Documento externo a la empresa, definido como la moneda de cambio de los establecimientos.
c) Documento interno a la empresa. Definido como el albarán que la empresa emite a los demás proveedores.
d) Documento interno de la empresa, definido como la moneda de cambio de los establecimientos, el cual se emite en función de las necesidades de cada departamento.

7. Los partes de consumos diarios deberán constar de:

a) Precio de salida, géneros, cantidades e importes.
b) Únicamente el precio de salida y géneros.
c) La relación de artículo así como el precio total.
d) El precio de entrada, la cantidad de entrada y las existencias.

8. ¿Qué tipo de documento es una hoja de pedido a mercado (proveedores)?:

a) Un documento de cocina.
b) Un documento del economato y bodega.
c) Un documento de recepción.
d) Un documento de proveedores.

9. ¿Qué es el escandallo?

a) Es un documento que fija únicamente el rendimiento de un producto perecedero.
b) Es un documento que fija únicamente el rendimiento de un producto no perecedero.
c) Es un documento que fija únicamente el precio de un producto perecedero.
d) Es un documento que fija el precio y el rendimiento de un producto perecedero.

10. ¿A qué llamamos relevé?

a) Al vale que de forma triplicada transmite las peticiones del cliente a cocina.
b) Al vale que de forma triplicada transmite las peticiones del cliente tanto a cocina como a bodega.
c) A la parte del consumo llevada a cabo por cocina en el que se añaden las entradas y se restan el stock final.
d) Ninguna de las respuestas anteriores es correcta.

hostelería y turismo

UD9

Recepción y almacenamiento de provisiones

hostelería y turismo

9.1. Inspección, control distribución y almacenamiento de materias primas

La recepción de mercancías es un procedimiento minucioso que cuenta con diferentes fases, las cuales son:

- La recepción propiamente dicha

  Consiste en recibir los géneros alimentarios, o mercancías de otro tipo, requeridos por los diferentes departamentos (producción, ventas, etc.) al departamento de compras, y pedidos por éste a los proveedores.

- La inspección de las mercancías

  La inspección se realizará para evaluar las condiciones de entrega de los productos, su temperatura, así como la integridad y la conformidad del embalaje y del etiquetado, con el fin de que los proveedores respeten las condiciones de compra. Antes de aceptar el pedido, hay que verificar el estado de frescura de los alimentos, el aspecto del producto y la temperatura a la que habrá de recibirse de acuerdo a las especificaciones del producto y el bono de pedido. También deben inspeccionarse los envases y los medios de transporte utilizados, para evitar contaminaciones al género.

- El Control

  Consiste en verificar los pesos, cantidades y precios según se especifica en el bono de pedido enviado a recepción por compras, y la gestión administrativa de los artículos entregados.

- La Distribución

  Consiste en enviar las materias primas recibidas al departamento de producción-cocina si son alimentos perecederos de consumo diario, al economato-bodega si no son alimentos perecederos; o al almacén general si se trata de mercancías destinadas a reposición o mantenimiento.

- El Almacenamiento

  Los géneros perecederos en cámaras de cocina o economato, y los no perecederos en economato a temperatura ambiente, o en bodega a las temperaturas que los vinos y las bebidas requieren para su mejor conservación. Otros materiales de reposición, de mantenimiento, etc., al almacén correspondiente.

Lugar de la recepción. Higiene y mantenimiento

En nuestro país existen diversas normativas que regulan el aspecto higiénico de los locales destinados a la recepción de alimentos.

Así tenemos:

Reglamento (CE) N°. 178/2002 del Parlamento Europeo y del Consejo, de 28 de Enero de 2002	Establece los principios y los requisitos generales de la legislación alimentaria, se crea la Autoridad Europea de Seguridad Alimentaria y se fijan procedimientos relativos a la seguridad alimentaria. Art. 18 "Trazabilidad".

Real Decreto 3484/ 2000, de 29 de diciembre	Establece las Normas de Higiene para la elaboración, distribución, y comercio de comidas preparadas.

Directiva 93/43/C.E.E. de 14 de junio de 1993	Relativa a la higiene de los productos alimenticios. (Diario oficial de las Comunidades Europeas -DOCE- núm. 1175, de 19 de julio de 1993).

Real Decreto 109/2010, de 5 de febrero.	Real decreto 109/2010, de 5 de febrero, por el que se modifican diversos reales decretos en materia sanitaria para su adaptación a la Ley 17/2009, de 23 de noviembre, sobre el libre acceso a las actividades de servicios y su ejercicio y a la Ley 25/2009, de 22 de diciembre, de modificación de diversas leyes para su adaptación a la Ley sobre el libre acceso a las actividades de servicios y su ejercicio.

Real Decreto 176/2013	Real decreto 176/2013, de 8 de marzo, por el que se derogan total o parcialmente determinadas reglamentaciones técnico-sanitarias y normas de calidad referidas a productos alimenticios.

Real Decreto 1334/1999, de 31 de julio,	Aprueba la Norma general de etiquetado, presentación y publicidad de los productos alimenticios. (BOE núm. 202 de 24 de agosto y corrección de errores en BOE núm. 280 de 23 de noviembre).

Comisión del Códex Alimentarius. FAO-OMS.	«Proyecto de código de prácticas higiénicas propuesto para los alimentos cocinados utilizados en la alimentación a colectividades y medios de transporte».

Guía de prácticas en materia de higiene para la restauración colectiva	Programa FORCE de la Unión Europea. Ferco y FEADERS, 1994.

Real decreto 640/2006.	Real decreto 640/2006, de 26 de mayo, por el que se regulan determinadas condiciones de aplicación de las disposiciones comunitarias en materia de higiene, de la producción y comercialización de los productos alimenticios.

Como norma general, las operaciones de recepción de alimentos tienen que garantizar que:

- En conjunto, las características intrínsecas de los alimentos objeto de recepción, manipulación y almacenamiento se mantendrán en el proceso y durante su almacenamiento a temperatura ambiente, o mediante frío positivo o negativo.
- La zona de recepción de géneros sea diáfana y esté concebida de tal forma que los artículos alimenticios que transiten por ella no sufran alteraciones importantes de temperatura.
- Los suelos, muros y techos deben estar construidos con un material duro e impermeable al agua; debe evitarse el paso de conductos de evacuación de aguas residuales y de basuras y estará dotada, al menos, de un desagüe con rejilla que evite el paso de roedores.
- La limpieza y desinfección de la zona deberá hacerse con una manguera con agua a presión, caliente y fría, y dotada con un difusor de detergente bactericida. Para su secado y esterilización podrá utilizarse un generador de vapor a presión.
- Ningún producto no conforme pueda ser aceptado y utilizado.
- Los envases de los productos alimenticios son adecuados a su uso y su higiene es correcta.

Equipos de pesada, medición y control

La recepción de mercancías deberá tener instalada:

- Un mini laboratorio portátil de análisis que indicará si el alimento está contaminado, y el grado de contaminación, o si no lo está.
- Otra balanza de pequeña pesada, hasta 5 kilos, para pedidos más pequeños, como por ejemplo especias (azafrán, pimentón, pimienta, etc.).
- Un termómetro metálico con sonda, para comprobar la temperatura interior del producto.
- Una báscula de gran pesada, dependiendo ésta del tamaño del establecimiento, para comprobar el peso de los alimentos recibidos.
- Recipientes de uso interior, de plástico alimentario o de acero con tapas de cierre hermético, para recoger y pasar a ellos determinados géneros perecederos y evitar que se contaminen las cámaras de cocina.

Proceso de recepción de géneros. Control de los mismos y distribución

La recepción de materias primas

El proceso de recepción de materias primas implica un conjunto de operaciones cuya finalidad es:

- Asegurar que las materias primas recibidas se corresponden con las pedidas y tienen la cantidad, peso, calidad y precio que figuran en el bono de pedido.
- Asegurar una rotación óptima de cada lote de productos que garantice su frescura.
- Seleccionar y ordenar los productos por categorías, respetando su modo de conservación.
- Permitir que si una mercancía es rechazada por no cumplir los estándares marcados, pueda ser sustituida por otra y que ésta sea aceptable para el uso al que va destinada.
- Realizar el almacenamiento lo más rápidamente posible, protegiéndolos de toda polución y en los lugares adecuados. Los productos perecederos en frigorífico y los productos no perecederos en almacén no frigorífico, de modo que minimicen los riesgos de contaminación.

Procedimiento de la recepción de materias primas

El procedimiento que se sigue en la recepción de géneros no es igual en todas las industrias de hostelería, pero básicamente consiste en:

- Pesar por separado cada producto, comprobando si su peso neto corresponde al del bono de pedido o al que figura en el albarán emitido por el proveedor.
- Comprobar que los precios corresponden al del bono de pedido, al listado de precios ofertados por los proveedores autorizados o a los que figuran en la hoja de mercado.
- Rellenar y poner etiquetas con el peso y fecha de entrega a los géneros recibidos para su control, o comprobar el etiquetado que traigan de origen.
- Preparar el área de recepción, despejándola de obstáculos como envases o embalajes vacíos, etc., y efectuar una higiene rigurosa tanto del espacio físico como de los elementos de control.
- Comprobar que las mercancías recibidas se corresponden con las especificaciones dadas por compras en el bono de pedido y en el libro de especificaciones técnicas de producción.
- Cambiar los géneros alimentarios de los envases originales a los específicos de uso interno, con el fin de evitar contaminaciones.

Funciones básicas del responsable de la recepción de géneros

Las funciones más importantes son las siguientes:

- Registrar las diferencias sustanciales que se produzcan en un parte diario de incidencias y comunicárselo al departamento de compras.

- Inspeccionar y controlar la entrada de mercancías, comparando los albaranes de los proveedores con el bono de pedido emitido por Compras y en el que figurarán cantidad, peso, calibre y calidad. Se comprobarán en el libro de especificaciones técnicas de producto sus características en el caso de que existan dudas.

- Avisar al departamento usuario o almacén (cocina, economato, bodega, etc.) de la llegada de los géneros para que procedan a su retirada o almacenamiento en frío positivo, negativo o no frigorífico.

- Almacenar las diferentes mercancías en los lugares destinados a cada una de ellas. Perecederos en cámara fría positiva (refrigerador) o negativa (congelador). No perecederos en almacén o economato a temperatura ambiente o bodega. Prever en ésta las temperaturas de almacenamiento de vinos

- Informar al departamento de compras de todos los problemas e incidentes, ocurridos durante el proceso de recepción.

- Controlar todos los procedimientos de entrega, de provisión y de salidas irregulares de mercancías.

- Analizar peligros y riesgos en puntos críticos del proceso de recepción de géneros, comprobando la higiene de los elementos externos (envases y camiones de reparto) e internos (instalaciones de recepción, básculas, carros, etcétera) mediante el procedimiento SAFE o APPCC. Estos puntos críticos que se tienen que controlar deben ser previamente establecidos por la empresa, según establecen las normativas europeas y estatales en materia de higiene y sanidad de los alimentos.

- Establecer y realizar controles de puntos críticos en los alimentos durante el proceso de recepción, con el fin de garantizar la calidad de los productos recibidos (medir la temperatura en el corazón de productos como carnes, pescados, etc.). Si hubiera dudas de la salubridad de los productos, el responsable insertará el mini laboratorio sonda en el producto y determinará si existe o no contaminación. Medirá calibres en frutas, hortalizas y pescados.

- Establecer documentos de registro de las entradas, devoluciones y retornos de géneros.

Ventajas de la recepción de mercancías bien realizada

Realizar bien este proceso proporciona al establecimiento una ventaja cualitativa para mantener los estándares de calidad de las materias primas recibidas, para que pueda obtenerse mediante el proceso de transformación un producto o servicio final acorde a los estándares establecidos por la empresa, con el fin de poder satisfacer plenamente las necesidades y expectativas de la clientela. Permitiendo, por tanto, obtener:

- Los rendimiento deseados de los géneros, ya que se controla el peso (evitando robos)

- El tamaño o calibre

- La cantidad requerida del producto, así como su higiene y salubridad

Almacenamiento

Una vez aceptados, los géneros se almacenan según su naturaleza.

Los géneros se almacenan según su naturaleza

- **Productos frescos de consumo inmediato**
  - Conviene cambiarlos de envase para no introducir los que estén «sucios y contaminados» en cámaras y recintos de producción. Su almacenamiento se realizará en cámaras frigoríficas mediante frío positivo (+ 3 °C) o, si se trata de carnes y pescados, reduciendo la temperatura de cámara a + 1 °C o + 2 °C
  - La normativa establece que debe separarse su almacenamiento por familias de productos (cámara de carnes, de pescados, de verduras, de lácteos, etc)
- **Productos no perecederos**
  - Se enviarán al economato o bodega en su embalaje original una vez realizada la recepción y siendo ésta conforme
  - Ya hemos hecho referencia a las condiciones de almacenamiento no frigorífico según la normativa oficial, y a ella remitimos al alumno
- **Productos congelados**
  - Hay que evitar que se rompa la cadena de frío
  - Se procederá a almacenarlos inmediatamente a su llegada, en cámara congeladora mediante frío negativo (-18 °C) y en su envase original intacto

En general, los locales destinados a almacenar productos alimenticios no perecederos, como las conservas o los productos secos, tienen que ser frescos, secos y bien ventilados.

El espacio dedicado a almacenes será suficiente a la capacidad del establecimiento y permitirá la circulación de aire y la libertad de movimientos para poder efectuar una correcta rotación de los stocks y una limpieza cuidadosa.

En el almacén de alimentos está prohibido almacenar productos de limpieza, insecticidas, raticidas y medicamentos.

Los cereales, las harinas, el azúcar, las leguminosas secas a granel, deben almacenarse en recipientes herméticos y de fácil limpieza, o bien, si están embalados en pequeño formato, se conservarán en sus envases originales.

Debe aplicarse un programa permanente y eficaz para eliminar los vectores infecciosos (insectos y roedores).

9.2. Registros documentales

En el proceso de compras deben realizarse controles y registros de las compras.

Control y registro higiénico-sanitario

Dos procedimientos de control de puntos críticos que pueden usarse en todo tipo de establecimientos son:

El Sistema de Análisis de Puntos Críticos (APPCC)

La Evaluación Sanitaria del Entorno Alimentario (SAFE, Sanitary Assessment of the Food Environment), también denominado «Guía de Prácticas Correctas de Higiene»

Estos dos métodos se utilizan de forma independiente y se basan en el control del análisis de puntos críticos en el proceso no sólo de recepción de géneros, sino también en el almacenamiento, en el proceso productivo (transformación de las materias primas, cocción), en la distribución y en el consumo.

Veamos como ejemplo de un análisis el del SAFE.

El **SAFE** se utiliza en establecimientos pequeños y medianos, y se basa en vigilar tres grandes ámbitos de la higiene alimentaria:

Básicamente, consiste en:

Vigilar la trayectoria seguida por los alimentos desde el abastecimiento de las materias primas hasta el servicio al cliente, identificando todos los puntos críticos de riesgo que existen en el proceso	Identificar los alimentos de riesgo	Establecer procedimientos de control documentados de forma habitual y sistemática que garanticen una manipulación segura

En el proceso de entregas de mercancías habría que analizar:

Origen del alimento	Las condiciones de la entrega de los alimentos	El almacenamiento
Si se trata de carne, hay que pedir el marchamo donde se especifica la procedencia del animal, la edad, el sexo y la clasificación según la conformación de la canal, indicada por las siglas E.U.R.O.P.A.: E significa conformación superior; U, muy buena; R, conformación buena; 0, conformación menos buena; P, conformación inferior; A, para uso industrial	Si se trata de un ave, no debe presentar exudado viscoso, ni olor, ni color anormal, y su temperatura será menor a + 5 °C En la etiqueta del producto figurará la fecha de caducidad del mismo	A + 4 °C o menos. Se utilizará antes de la fecha de caducidad. Para otros tipos de producto con riesgo se analizarán de la misma manera.

Registro documental necesario para la gestión del proceso de recepción de géneros

Los documentos necesarios pueden ser:

- Factura (documento externo).
- Libro de compras o de registro de albaranes, de entradas y devoluciones, listado diario de compras, parte de incidencias, (documentos internos).
- Test de rendimiento de un producto.
- Albarán (documento externo).

Albarán

Este documento lo emite el proveedor basándose en la orden de pedido emitida por Compras. Se utiliza cuando la empresa compradora lo adquiere a crédito.

En él se relacionan los alimentos suministrados, el número del albarán, el código del producto, las cajas o bultos de que consta el pedido, la cantidad en peso neto (kilos), el precio unitario y el importe de cada concepto.

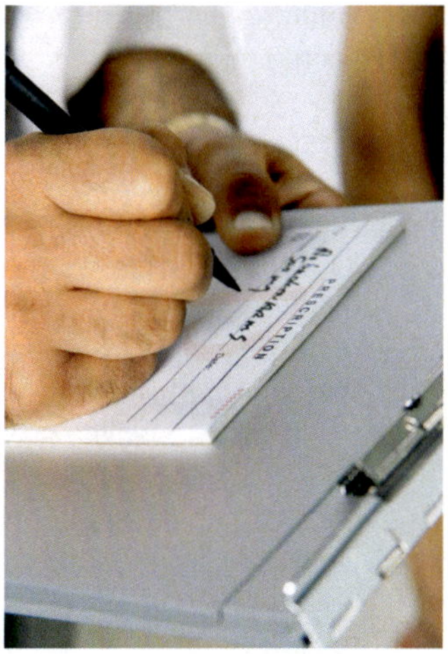

Figuran también las bases imponibles de los diferentes tipos impositivos del IVA desglosados, así como el importe total del albarán.

Como datos identificativos del proveedor figuran: nombre y razón social, dirección, código postal y población, teléfonos y fax, la clave correspondiente, si tiene correo electrónico, y el código de identificación fiscal (CIF).

El albarán consta de un original y dos o tres copias de papel químico autocalcable.

Proceso del albarán

1. El albarán acompaña a la mercancía.
2. El receptor de mercancías comprueba que los datos de los géneros (cantidad, peso, etc.) que figuran son correctos, así como las calidades sensoriales, el precio unitario y el importe.
3. Da el visto bueno sellando y firmando el albarán.
4. A la copia se le asigna un número de orden de llegada que figurará después en el libro de compras.
5. El original y una copia quedan en poder del proveedor para efectuar la factura de fin de mes. El original se devuelve a la empresa junto a la factura, para que comprueben que es idéntico a la copia que ha quedado en poder de recepción o administración de la empresa receptora de alimentos.
6. Cuando se han recibido todos los proveedores, se registran por orden de llegada en un libro registro de albaranes o de entradas y devoluciones.
7. En él se anotan el número de orden que figura en la copia del albarán, el número de albarán, la fecha de recepción, el nombre del proveedor y el contenido, bien detallado o solamente el importe además del IVA.

Parte diario de compras

Parte diario de compras: es un impreso que cumple prácticamente las mismas funciones que el libro registro de entradas y devoluciones.

En la columna de **Compras directas** figuran los alimentos que van directamente a cocina para su consumo inmediato.

Se realizará posteriormente la imputación a cocina.

En la columna de **Economato/Bodega** figurarán las compras con destino a economato/bodega, y en la columna **Varios** figuran los artículos de reposición, mantenimiento y limpieza (productos no alimenticios).

Con este informe se imputan los costes de las compras a cada departamento peticionario y consumidor, lo que facilita el cálculo del importe de alimentos consumidos.

Las devoluciones se anotarán en la casilla correspondiente como un abono o deducción del total. Deben totalizarse las filas y columnas con el fin de cuadrar el importe.

El **libro de compras** tiene una estructura similar al informe diario de compras, quedando en recepción para posibles consultas, mientras que el informe pasa diariamente al departamento de Compras.

El informe diario de compras, junto con los albaranes, pasa diariamente a administración para su comprobación y comparación posterior con la factura y el original del albarán, con el fin de autorizar y preparar el pago a los proveedores en la fecha prevista.

La factura

> **Factura:** de características similares al albarán en cuanto al contenido, no obstante **la factura** representa un documento contable que justifica el pago a proveedores de las mercancías recibidas.

Los datos de la factura

- Los indentificativos del cliente.
- Los identificativos del proveedor.
- La descripción de las mercancías servidas.
- Los importes brutos y netos.
- Los tipos impositivos del IVA que se van a aplicar.

Con respecto a los clientes y proveedores, deberán aparecer como mínimo los siguientes aspectos:

Clientes	Proveedores
Código de cliente	Nombre y razón social
NIF/DNI del cliente	Dirección
Nombre y razón social	Código postal y población
Dirección	Teléfonos, fax y correo electrónico
Código postal y población	DNI/CIF (Código de Identificación Fiscal)
Número de factura	
Fecha de emisión	

En el cuerpo de la factura se hará mención en el apartado Descripción al número o números de albaranes que correspondan, conformados a la recepción de las mercancías en el establecimiento.

Puede o no desglosarse el contenido de los albaranes, si así lo exige el cliente.

Los datos que figurarán son:

Referencia, descripción, cantidad, precio, importe, fila de totales, descuentos por pronto pago, rappels, porte, cargo o abono de envases, el IVA aplicado o el tanto por ciento de recargo de equivalencia y el total de la factura.

El IVA deberá desglosarse en los diferentes tipos impositivos que cargan a cada una de las diferentes mercancías y se aplicará sobre las bases imponibles que resulten. Así, los productos de limpieza, bebidas alcohólicas y colas tributan al tipo impositivo normal, y los demás alimentos, al tipo reducido.

En la base de la factura figurarán los datos relativos a la entidad bancaria y al tipo y número de cuenta a la que deben transferirse los importes de las facturas.

9.3. Gestión y control de inventarios

Control de inventarios.

La realización de inventarios es de una gran importancia, siendo imprescindible el llevarlos a cabo como mínimo con periodicidad de un mes.

El valor de los activos figurados en balance cada mes debe corresponder precisamente con el valor del inventarío, no dejando nunca valores teóricos producto del cálculo de consumos o coste de venta de tipo teórico, por ello es importante realizarlos de un modo programado a fin de que su valoración se corresponda con la de los activos reales en poder de la empresa.

A continuación se marcan algunas pautas a tener en cuenta a la hora de su realización:

- Instrucciones precisas por escrito.
- Notificar y confirmar localización, fecha y hora en que los inventarios van a ser realizados.
- Concretar los nombres del personal responsable del mismo, equipos necesarios para el conteo y miembros de cada uno de los equipos.
- Distribuir las zonas de tonteo mediante mapas o planos y asignar las áreas específicas a cubrir por cada equipo. Las partidas del inventario han de estar ordenadas de forma clara y sistemática para el conteo. Las unidades de medida deben estar claramente establecidas (cajas, unidades por cajas, etc.).
- Reuniones previas: Repartir las instrucciones escritas y dar explicaciones verbales a los equipos de conteo.
- Establecer un sistema de doble conteo. Retirar los detalles del primer tonteo antes de realizar el segundo (listados o tarjetas).
- Establecer un sistema para el registro de los resultados del conteo y del control de los documentos del mismo: numeración de los listados, tarjetas correlativas; control de la numeración de los listados o tarjetas utilizadas o anuladas.
- Detallar los deberes y funciones de cada uno de los equipos: equipos para la ordenación previa al conteo, equipos para el primer conteo, equipos para el segundo conteo, equipos de supervisión y registro de los resultados, etc.
- Establecer procedimientos de resolución de dudas.
- Dar instrucciones explícitas para que no se produzcan movimientos internos y externos de existencias durante el recuento y durante el mismo. Asegurarse de que se ha interrumpido la actividad. Guardar los justificantes del corte de operaciones para poder comprobarlo con posterioridad, tanto los albaranes de entrada y salida como la recepción, expedición, partidas en transito entre departamentos, etc.
- Establecer procedimientos de corte de operaciones para cerrar los registros en el momento del conteo.

- Identificación de mercancías obsoletas, dañadas de lenta rotación o con niveles excesivos de existencias.

  El stock obsoleto o dañado debe comprobarse para prevenir falsas valoraciones.

- Exclusión de existencias propiedad de terceros e inclusión de material propiedad de la sociedad en poder de terceros.

  La mercancia en poder de terceros o de terceros en poder de la sociedad ha de estar claramente identificada para no incluirla en el recuento.

- Evaluación de resultados y de áreas contadas.

  Asegurarse de que el personal está siguiendo los procedimientos establecidos. así como la comprobación de los conteos y descripciones

Debemos tener en cuenta que los empleados de almacén o los que mantienen los registros de inventario no pueden ser los únicos responsables del conteo, al igual que ocurre en la lencería u otros departamentos.

Este debe ser aprobado por otros empleados. En caso de que estas personas estuvieran involucradas, ha de existir un control por otra persona independiente. Los contadores tienen denegado el acceso a los registros permanentes durante el conteo.

Por lo que quedaría de la siguiente forma:

- Personal asignado
  - Un encargado del departamento de compras/almacen
  - Un encargado del departamento de destino de la mercancía
  - Un encargado de administración

También debemos tener en cuenta que las tarjetas de conteo o los listados deben estar previamente impresos, enumerados previamente y su entrega y recepción debe ser controlada.

Al igual que hay que asegurarse de que las descripciones en las tarjetas o listados son suficientes para identificar adecuadamente los artículos.

La utilización de tarjetas de conteo enumeradas con antelación nos lleva a:

Disminuir el riesgo de no contar partidas	Disminuir el riesgo de contar partidas dos veces	Utilizar tarjetas blancas previamente enumeradas de cara a cualquier imprevisto

Así como que habrá que tener en cuenta la comprobación de los conteos y descripciones, tales como:

Descripción del producto coincide con los listados.	Realizar un registro de los conteos	Investigación de diferencias significativas
Doble conteo	Firma de todas las hojas de conteo o etiquetas por los contadores	Ajuste de los registros por discrepancia después de la aprobación por un encargado diferente al personal de almacén

UD9

lo máS importante...

- La recepción de mercancías es un procedimiento minucioso compuesto por varias fases, tales como la recepción propiamente dicha, la inspección de las mercancías, el control, la distribución y el almacenamiento.

- En nuestro país se dan distintas normas que regulan el aspecto higiénico de los locales destinados a la recepción de alimentos.

- Existen una serie de registros documentales, ya que en el proceso de compras deben realizarse registros y controles de las mismas, como por ejemplo con el Sistema de Puntos de Análisis de Puntos Críticos (APPCC) o con la Evaluación Sanitaria del Entorno Alimentario (SAFE), métodos que se emplean de manera independiente.

- También destacamos como documentos a tener en cuenta a la hora de llevar a cabo los registros, los albaranes, las facturas, los test de rendimiento de los productos, los partes diarios de compras o los libros de compra.

UD9

autoEvaluación

1. ¿Cuál es el Real Decreto que establece las normas de higiene para la elaboración, distribución y comercio de comidas preparadas?

   a) Real decreto 178/2002.

   b) Real decreto 3484/2000.

   c) Real decreto 109/2010.

   d) Real decreto 176/2013.

2. Cómo norma general, ¿Qué deben garantizar las operaciones de recepción de alimentos?

   a) Las características intrínsecas de los alimentos objeto de recepción, manipulación y almacenamiento, manteniéndose en el proceso y durante su almacenamiento a temperatura ambiente o mediante frio positivo o negativo.

   b) No hará falta que los envases de los productos alimenticios sean los adecuados.

   c) Nunca se hará la limpieza con agua a presión, siempre se tendrá que usar algún desinfectante o jabón.

   d) Ninguna de las respuestas anteriores es correcta.

3. ¿Qué deberá tener instalados los equipos de pesada, medición y control?:

   a) La recepción de mercancía siempre deberá tener instalado un mini laboratorio que indicará si el alimento está contaminado y el grado de contaminación del mismo.

   b) Deberá tener instalado un termómetro metálico con sonda y recipientes de uso interior, de plástico o de acero con tapas de cierre hermético.

   c) Una balanza de pequeña pesada, concretamente hasta de 3 kilos.

   d) Tanto la A como la B son correctas.

4. ¿Cuáles de los siguientes pasos se incluyen en el procedimiento de la recepción de materias primas?

a) Comprobar que las mercancías recibidas se corresponden con las especificaciones dadas por compras en el bono de pedido y en el libro de especificaciones técnicas de producción.

b) Dejar en los envases originales los géneros alimentarios, sin cambiarlos a ningún otro tipo de envase, sea del tipo que sea.

c) Colocarles etiquetas únicamente con la fecha de entrega, siendo secundarias la procedencia o la fecha de entrega.

d) Ninguna de las respuestas anteriores es correcta.

5. Entre las funciones básicas del responsable de la recepción de géneros, destacan:

a) Inspeccionar y controlar la entrada de mercancías, comparando los albaranes de los proveedores con el bono de pedidos emitidos por el departamento de compras.

b) Avisar al departamento usuario o almacén de la llegada de los géneros para que procedan a su retirada o almacenamiento.

c) Informar al economato de cualquier problema o incidencia.

d) Tanto la A como la B son respuestas correctas.

6. Señala cual de las siguientes respuestas es correcta:

a) Una de las ventajas que destacamos al llevar a cabo una recepción de mercancías bien realizada es que permite obtener los rendimientos deseados de los géneros, ya que se controla el peso.

b) Una de las ventajas que destacamos al llevar a cabo una recepción de mercancías bien realizada es que permite obtener la cantidad requerida del producto, así como su higiene y salubridad.

c) Una de las ventajas que destacamos al llevar a cabo una recepción de mercancías bien realizada es que permite obtener el tamaño o calibre deseado.

d) Todas las respuestas anteriores son correctas.

7. Los géneros se almacenan según su naturaleza. Los productos frescos de consumo inmediato cumplen las siguientes características:

a) Conviene cambiarlos de envase con el fin de no introducirlos sucios o contaminados en las cámaras o recintos de producción.

b) Su almacenamiento será en cámaras frigoríficas mediante frío positivo (+8 grados centígrados) o si se trata de carnes o pescados, reduciendo la temperatura de las cámaras a +5 grados centígrados.

c) No es obligatorio que se separen en función de la familia de productos, aunque si recomendable.

d) Ninguna de las respuestas anteriores es correcta.

8. ¿Cuáles son los principales aspectos que destacamos del SAFE?

a) Uno de los ámbitos que trata es la eliminación de los alimentos que contienen bacterias y que mediante el calor no han sido eliminadas.

b) Uno de los ámbitos que trata es la paralización del crecimiento bacteriano mediante el frio.

c) Vigilar tres grandes ámbitos de la higiene alimentaria.

d) Tanto la opción B como la C son correctas.

9. ¿Qué significan las siglas E.U.R.O.P.A en el proceso de entregas de mercancías?

a) E significa conformación elevada; U, buena; R, conformación normal; O, conformación inferior; P, conformación mala; A, para uso industrial.

b) E significa conformación superior; U, muy buena; R, conformación buena; O, conformación menos buena; P, conformación inferior; A, para uso industrial.

c) E significa conformación superior; U, buena; R, conformación regular; O, conformación mala; P, conformación inferior; A, para uso industrial.

d) E significa conformación superior; U, excelente; R, conformación normal; O, conformación mala; P, conformación inferior; A, para uso industrial.

10. ¿Cuáles son los datos que aparecen que deben aparecer en una factura?

a) Obligatoriamente los importes brutos y netos, los identificativos del cliente y los identificativos del proveedor.

b) Obligatoriamente los tipos impositivos del IVA que se van a aplicar.

c) Obligatoriamente las descripciones de las mercancías servidas.

d) Todas las respuestas anteriores son correctas.

hostelería y turismo

UD10

Control de consumo y costes

10.1. Definición y clase de costes
10.2. Cálculo del coste de materias primas y registro documental
10.3. Control de consumos. Aplicación de métodos
10.4. Componentes del precio
10.5. Métodos de fijación de precios

hostelería y turismo

10.1. Definición y clases de costes

Con el fin de establecer los aspectos económicos específicos del servicio de restauración de un establecimiento hostelero, aplicables también a las industrias de panadería y pastelería artesanales, es preciso definir los tipos de costes que se generan y establecer un resumen de las actividades de explotación para cada unidad de restauración, siempre referido a un periodo determinado de tiempo.

Para ello, debemos conocer:

Realización de inventarios (iniciales y finales) de alimentos y su valoración económica	El importe de las compras (crédito y contado) producidas en dicho periodo	Consumo de alimentos efectuado en el período
Ingresos producidos por la venta de los servicios de restauración, comida y bebida	Costes de personal (salarios y cargas sociales)	Número de cubiertos y de consumiciones servidos en el restaurante y bar

Todos estos datos podrán obtenerse fácilmente estableciendo registros de ventas y control de consumos y del número de cubiertos vendidos diariamente, para poder analizar la situación económica del establecimiento a lo largo del periodo correspondiente.

> Según el Plan Contable Nacional, el **coste** se entiende como «la medida y valoración del consumo realizado o previsto por la aplicación racional de los factores para la obtención de un producto, trabajo o servicio».

También puede definirse como «el valor económico que se le da a cada unidad de producción».

Para que existan costes, es necesario que existan consumos y que éstos sean valorados.

Realizaremos un recordatorio de la clasificación esquemática de costes para evitar repeticiones. Existen diferentes formas de clasificar los costes, siempre ligados a un proceso productivo:

Clasificación y estructura de los costes

Clasificación de los costes

- **Costes variable**: Son los que varían proporcionalmente en función de las unidades producidas en cocina o consumiciones servidas en el bar
- **Costes Fijos**: Son aquellos que permanecen invariables al nivel de producción en el mismo periodo de tiempo. Se mantienen constantes, sin verse afectados en principio por las alteraciones del nivel de producción
- **Costes Directos**: Son los que se asocian a un producto directamente, sin necesidad de realizar ningún tipo de reparto
- **Costes Indirectos**: Son en los que es necesario recurrir a algún método de reparto para aplicarlos a un producto o proceso. Estos costes son comunes a más productos o procesos, y su reparto o distribución atenderá a criterios arbitrarios y subjetivos

En restauración, la clasificación de costes totales, costes variables y costes fijos es la más usada. En ella los costes variables son los costes de materia prima empleada (alimentos), ya que a medida que aumenta el número de cubiertos servidos aumentan los costes de forma proporcional, mientras que los costes fijos son los costes de personal (salarios, cargas sociales, etc.), los gastos generales, los gastos de administración y las amortizaciones. Aunque estos costes son considerados como costes fijos en general, puede una parte de los mismos considerarse como costes semivariables, ya que las empresas contratan personal eventual o extra en los momentos de mayor trabajo (banquetes, eventos especiales, terrazas, y en hoteles y restaurantes de temporada, entre otros).

10.2. Cálculo del coste de materias primas y registro documental

Consideraciones Generales

De todas las definiciones de coste podemos concluir en que coste implica consumo.

El **coste de alimentos**, podemos definirlo como «la valoración económica de los consumos de alimentos y bebidas empleados en la preparación de uno o varios platos».

Para poder calcular el coste de estos alimentos, una vez determinadas por el jefe de cocina las minutas a elaborar, procederemos:

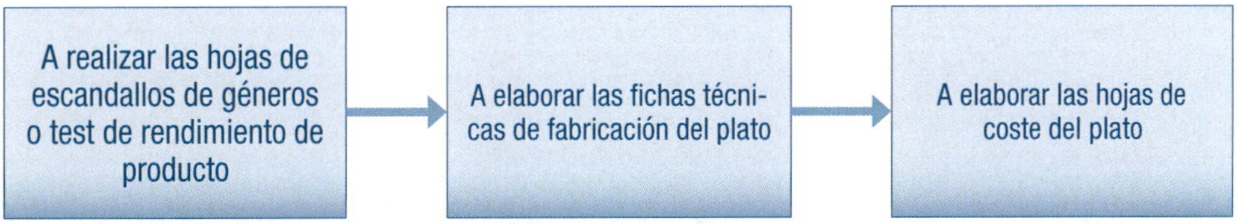

Todas ellas son necesarias para determinar el coste de alimentos provisional, así como el precio de venta y el margen bruto de explotación por plato.

Hojas de escandallo o test de rendimiento

Muchas empresas de restauración compran las materias primas en bruto a un precio; dichas materias primas serán transformadas posteriormente en los procesos de cocina. Se las limpia de cargas superfluas (mermas) y se realizan diversos aprovechamientos que son valorados, generalmente, a precios de mercado, para obtener finalmente la parte limpia y dispuesta para su cocinado. El precio de compra de la pieza ya limpia ha cambiado, y resulta algo más caro que el precio de compra. Se trata de establecer cuál es éste mediante sencillos cálculos.

Fichas técnicas de producción o fabricación

Estas fichas las elabora el jefe de cocina. En ellas se especifica el proceso indicado en la elaboración de la receta y la composición del plato (ingredientes, cantidades netas o bruta, número de raciones por receta, etc.).

La descripción del proceso puede realizarse de forma escrita y/o mediante un diagrama de proceso (diagrama de barras de Gant u otro tipo de diagrama). Puede figurar una foto del plato como sugerencia de presentación y emplatado. Hay que especificar: fecha de confección de la ficha y código; servicio para el que el plato es más indicado (comida o cena); tipo de servicio (sugerencia, carta, menú, banquete, bufé, etc.); salsas; guarniciones; temporalidad del plato y de los ingredientes; calorías; y coste del plato, etc.

Hoja de coste o escandallo del plato

Esta hoja de coste es muy similar a la ficha técnica de fabricación, ya que deben figurar en ambas y para el mismo plato, los mismos ingredientes codificados y en la misma cantidad. En esta ficha se harán diferentes valoraciones, siempre que se produzcan variaciones importantes en el precio de los ingredientes principales. La realizará el jefe de cocina.

Mediante esta ficha, puede garantizarse que siempre se emplearán las mismas cantidades de materias primas. Su coste, mientras no haya variaciones de precios, será también el mismo y garantizará el mismo beneficio bruto o MBE. Cuando se produzcan variaciones importantes en los precios de compra,volveremos a valorar la hoja y modificaremos el precio de venta con el fin de mantener el mismo MBE, siempre y cuando nos movamos en un régimen abierto de precios.

La hoja de coste nos mostrará los siguientes datos:

MBE o rendimiento por ración en euros y porcentaje

Coste total de los alimentos y coste unitario en valor absoluto y porcentaje

Número de raciones a elaborar

Precio de venta teórico y precio de venta por ración a cobrar al cliente, incluyendo o no el impuesto del IVA que corresponda con la categoría del establecimiento

Evolución y comparación de los precios de compra en las diferentes fechas de valoración

Si tuviéramos que mantener el mismo precio de venta aunque nuestros costes de materias primas hayan aumentado, el rendimiento general del establecimiento y el MBE unitario se resentirían, disminuyendo proporcionalmente tanto en pesetas como en porcentaje.

Determinación del coste y rendimiento de ventas de un plato

Conocido así el coste de los alimentos de cada uno de los platos de la carta y de los diferentes menús que ofrece el restaurante, hay que proceder a calcular su precio de venta para obtener su rendimiento o MBE.

Como ya sabemos, el precio de venta está compuesto de diferentes costes y de un beneficio deseado. Si analizamos estos costes en porcentaje, vemos que si al coste de alimentos le añadimos los costes de personal, y los gastos generales, y le sumamos el porcentaje de beneficio, obtendremos el precio de venta.

Para poder determinar el precio de venta teórico partiendo del coste de los alimentos del plato, ya conocido por la hoja de coste, multiplicaremos éste por una ratio o coeficiente multiplicador igual a:

$$R = \frac{100}{\%\ \text{Coste de alimentos}}$$

Por el contrario, si el precio de venta así obtenido lo dividimos por la ratio correspondiente, nos dará el valor de las materias primas a consumir, y calcularemos el porcentaje que representa sobre las ventas, como ya se ha indicado anteriormente.

$$Pv = \text{coste de alimentos x ratio}$$

Siendo Pv el precio de venta

Si sustituimos los valores de la ratio en la fórmula anterior:

$$R = \frac{\text{Coste de alimentos x 100}}{\%\ \text{Coste de alimentos}}$$

No siempre el coste de los alimentos, una vez fijado el precio de venta, es el mismo para todos los platos de la carta. Cada grupo de platos, e incluso cada plato pueden tener porcentajes de coste diferentes; será preciso determinar la ratio para cada plato o grupo de platos, e incluso para la bodega y el bar o cualquier otro punto de venta.

Los costes de un banquete y su rendimiento

El servicio de banquetes, en aquellos establecimientos que los realizan, les sirve para sanear su cuenta de explotación, ya que su rendimiento o beneficio bruto es alto, permitiendo al establecimiento alcanzar su punto muerto o umbral de rentabilidad y obtener beneficios en su cuenta de resultados.

También permite la utilización más racional del personal, reduciendo sus tiempos muertos.

Para establecer el coste de un banquete, será preciso determinar:

1º El menú que deberá servirse.

2° El cálculo del coste de los alimentos empleados en el banquete, por los procedimientos ya explicados. El número de platos y su composición son conocidos previamente por el jefe de cocina, con lo que se evitarán mermas o fabricación de platos en mayor número que los pedidos.

3° El número de empleados que intervendrán en el mismo, de diferentes especialidades, que aseguren una correcta prestación del servicio. Tanto el número de personas como su coste pueden calcularse a priori, ya que en la mayoría de los establecimientos se recurre a personal extra.

4° Los gastos generales inherentes al banquete (alquiler de material, orquesta, flores, alquiler de carpas, luminotecnia, etc.), que pueden determinarse con facilidad mediante presupuesto previo.

5° El beneficio neto esperado. Una vez conocidos los costes de cada partida, y habiéndose determinado el porcentaje de beneficio neto sobre la venta, será fácil hallar la facturación general, así como el precio unitario de venta.

10.3. Control de consumos. Aplicación de métodos

Instrumentos para el control

Instrumentos para el control: son aquellos documentos internos de cada establecimiento, que ayudan a controlar y verificar que los gastos de géneros de un día o un período de tiempo se ajustan con las entradas y a controlar las posibles desviaciones producidas por un mal racionado, por un uso indebido, desechado por mala conservación, robo, etc. y en ese caso servirán para hacer las oportunas correcciones o almacenamientos idóneos.

Existen también algunos documentos externos que ayudan y facilitan el control, como es el caso de los albaranes.

Cada establecimiento tiene sus propios modelos de control en función de la actividad que desarrollan. En el departamento de economato y bodega el albarán sirve como documento de control interno que una vez verificado y cotejado con la hoja de pedido a proveedores (copia) mandada por el departamento de compras y comprobada su coincidencia con los géneros descritos se firma por el encargado deeconomato y bodega y se archiva. No existen ni albaranes ni hojas de pedidos estandarizadas, pero todas ellas constan en general:

- Número de albarán
- Teléfono
- Relación de articulos, describiendo: cantidad, peso y precio unitario
- Nombre y razón social del proveedor
- Precio total
- Número de registro sanitario
- C.I.F.
- IVA
- Total de factura

Reporte de compras diario

Reporte de compras diario: es otro documento de control interno que controla el conjunto total de las compras del día, así como lo que corresponde a cada departamento en su almacenamiento o consumo.

Este documento se remite al departamento de compras para su comprobación con albaranes e imputar el consumo correspondiente por departamentos con el fin de comprobar y corregir las posibles desviaciones sobre los objetivos de la empresa en cuanto a costes, gastos y beneficios.

Constará de:

- Nombre del proveedor
- Número de orden de albarán
- Departamentos implicados
- Géneros
- Totales

Ficha de inventario permanente

Ficha de inventario permanente: este documento de control interno mantiene al día las existencias correspondientes a cada artículo en stock, referido principalmente a géneros no perecederos y varios.

Sirve como referencia al encargado de economato y bodega para controlar los stocks máximos y mínimos de cada producto, indicando el momento de su petición al haber llegado al stock de seguridad.

Las entradas se reflejan con el precio de compra (albarán), pero en su salida se valoran según el sistema de valoración aplicable en cada establecimiento.

Constará de:

Nombre del artículo-Proveedor	Existencia	Stock máximo y mínimo	Fecha de entrega
Fecha de salida	Precio de entrada	Precio de valoración del stock	Cantidad de entrada

Vale de Pedidos

Vale de Pedidos: documento totalmente interno. Lo definimos como la moneda de cambio de los establecimientos, siendo emitido por cada departamento en base a sus necesidades sirve como justificante de las salidas de economato e imputa los consumos de cada departamento, por lo que cada cantidad solicitada será dada de baja en la ficha de inventario permanente, a la vez que se incluirá en el parte de consumo diario.

El Vale de Pedidos constará de:

Nombre del departamento solicitante	Relación del artículo	Fecha y firma del responsable	Enunciado del departamento que lo entrega	Numeración

Parte de Consumo Diario

Parte de Consumo Diario: sirve para relacionar todas las salidas del día producidas en el área de economato, realizadas por los vales de pedidos e imputar consumos a los departamentos, controlándolos y verificándolos el departamento de compra como ya indicamos para el reparto de compras diarias.

El Parte de Consumo consta de:

Géneros	Precios de salida	Cantidad	Importes (según departamento); cocina, room-service, restaurante, etc

Medios informáticos

Medios informáticos: indistintamente la informática ha logrado, en este campo, al igual que en otros, ir desplazando poco a poco a las anteriores y anticuadas fichas de control, permitiendo, no sólo agilizar todo el proceso, si no llevarlo a cabo de una manera simultánea en conexión directa con gestión y administración, e incluso con el resto de departamentos e inmediatos.

Existen distintos programas que incluirán, entre otras, las siguientes prestaciones:

Altas/Bajas	Emisión de documentos	Nos dan valoración de stoks	Entradas/Salidas	Se trabaja con ficha en pantalla
Nos proporciona datos contables	Todas las anotaciones diarias pedidas	Consultas de existencias	Nos porporciona	

Hoy día se considera indispensable este instrumento, tanto para la gestión de un pequeño establecimiento como para la del hotel.

Cocina

Las previsiones sobre los servicios generan unas necesidades donde la cocina no es ajena a este proceso, contando con unos profesionales cualificados y llevando a cabo su labor en consonancia con la política de la empresa.

Hoja de pedido a mercado (proveedores)

Este documento de cocina sirve al jefe, para ajustar sus necesidades diarias o específicas, en función de las previsiones y tipos de servicio, menú, carta, banquetes, etc.).

Cada establecimiento tendrá la suya propia, pero invariablemente aparecerá:

Cantidades	Firma y fecha	Proveedor	Relación de la propuesta de pedido

Ya sabemos que se remite al departamento de compras y es este el que centralizará el pedido, remitiendo copia a economato, corno comprobante de que lo servido se ajusta con lo solicitado.

Número de registro sanitario	C.I.F.	IVA	Total de factura

Ficha técnica del alimento

Sirve de referencia en cuanto a ingredientes que conforman un plato, más válidos para calcular costes (componentes, cantidades), establecer beneficios, teniendo en cuenta que los componentes de un plato puede sufrir variaciones constantes.

Escandallo

Es el documento que fija el rendimiento de un producto perecedero y su precio según los procesos derivados de su transformación.

El género no perecedero ya tiene fijado el precio por el establecimiento (mermas, desperdicios, adecuación culinaria, racionado....

Relevé

Es el parte de consumo realizado por cocina que partiendo del inventario inicial, añadiéndole las entradas y restando el stock final, nos da el consumo del día.

Se remite a intervención junto con las comandas y las facturas (copias) para comprobar su coincidencia. Sólo en casos de desviaciones considerables se realizará de forma exhaustiva. El relevé es un parte de consumo.

Comanda

Es el vale, que por triplicado transmite las peticiones del cliente a cocina y bodega.

En cocina se quedará el original, previamente sellado, el recuento de comandas al finalizar el servicio por parte del Jefe de cocina será la 10 fase en la cumplimentación del relevé y directamente en el pedido del día siguiente.

Vales

En la organización tradicional de la cocina, entre las distintas partidas, se utiliza como medio de control principalmente entre cuarto frío y el resto de las partidas.

Consideraremos las peticiones de retiradas de géneros del economato (aceites, pastas, conservas...) y las interdepartamentales.

Restaurante / Bar

Basándonos en las mismas consideraciones y con la particularidad de controlar gastos, prever reposiciones y cargar a cuenta los clientes para la confección de las facturas, en cuanto a previsión de servicios, se consideran como documentos de control:

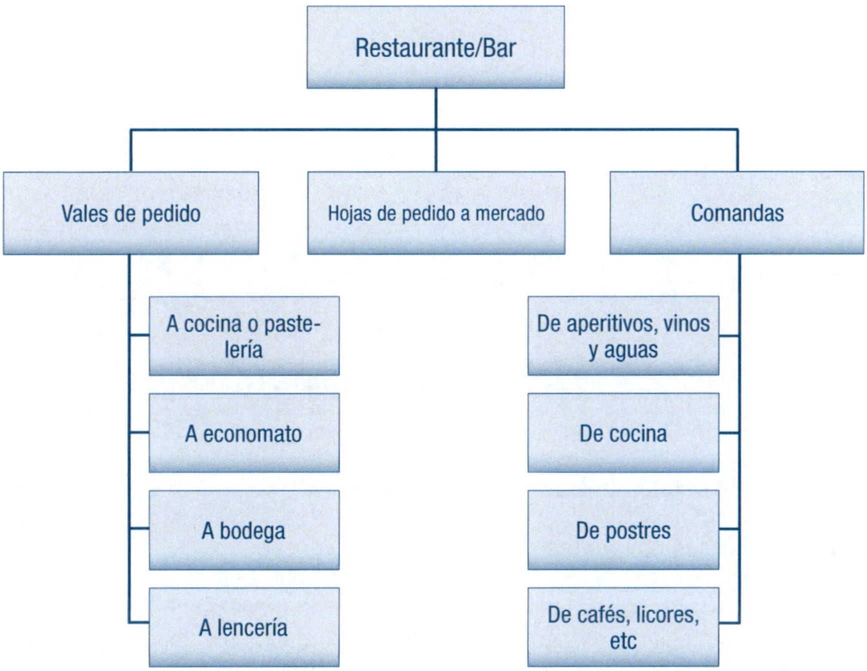

Otros Departamentos

En general el resto de departamentos que intervienen en el proceso del alojamiento como tal y los servicios de restauración (mayordomía, gobernante...) se emplean instrumentos de control semejantes, sobre todo al ser centralizados todos por el departamento de compras.

10.4. Componentes del precio

El precio de venta de un bien o servicio incluye diversos costes ya mencionados, y también un ***beneficio neto***, que retribuye la inversión realizada.

Estos costes son:

> **+ Ventas o ingresos por ventas**
> **-Costes de materia prima (alimentos y bebida)**
>
> **= Beneficio bruto (BB) o Margen Bruto de Explotación (MBE)**

> **- Costes de personal**
> **- Gastos generales**
>
> **= Beneficio neto**

También se puede resumir como:

> **+ Coste de materias primas** **+ Costes de personal**
> **+ Gastos generales** **+ Beneficio neto**
> **-Coste consumo de materias primas (alimentos), de empleados**
>
> **=Ventas o ingresos por ventas**

Veamos los conceptos vistos en las anteriores fórmulas.

A. Ventas o ingresos por ventas

Corresponde a los ingresos obtenidos por la venta de productos o servicios, al contado o facturados a crédito, realizados durante el periodo que analizamos (decena, quincena, mes o año).

De los ingresos por ventas debemos deducir los demás costes, hasta conseguir el beneficio neto o contribución de explotación fijado de antemano en el presupuesto de ventas.

B. Coste de alimentos o coste de materias primas

Al coste de los alimentos consumidos también se le denomina Foodcost.

Se obtiene por diferencia de inventarios inicial y final del periodo que se va a analizar. Al final de cada periodo se realiza un inventario físico y se valora, por el método elegido por la empresa (LIFO, FIFO y media ponderada), o cualquier otro ya explicado.

Se toma como referencia el inventario final del periodo anterior, que se convertirá en inventario inicial del periodo siguiente. A este inventario le sumamos las compras del período que analizamos, ya sean a crédito o al contado, y se le resta el valor del inventario final. El resultado será el consumo de materias primas.

+Inventario Inicial (existencias en almacén, cocina y bodega)
Coincide con el inventario final del período anterior
+Compras a crédito del período (Alimentos y bebidas)
+Compras al contado del período

=Existencias disponibles del período

- Inventario final (Existencias en almacén, cocina y bodega al final del período)

=Consumo de alimentos y bebidas del período

Este consumo no refleja el consumo real de alimentos respecto a las ventas, ya que no tiene en cuenta el consumo de alimentos efectuado por los empleados ni las cesiones de cocina a o desde otras unidades de venta. Por ejemplo, de la cafetería o el bar terraza.

Para precisar con exactitud este consumo, es preciso deducir el coste de los alimentos consumidos por el personal, así como las cesiones, o entradas y salidas desde cocina, o bien las intersecciones con otros departamentos.

Este procedimiento es más exacto, ya que expresa el consumo real de alimentos respecto a los ingresos efectuados por consumo de los clientes. Que sería:

+Inventario Inicial + Compras del períodod (crédito y contado)
+Entradas y cesiones a cocina de otras unidades de venta

=Total alimentos y bebidas disponibles del períodod

- Cesiones de alimentos desde la cocina a otras unidades de venta
- Costes de la comida consumida por empleados-Inventario final

=Consumo de alimentos y bebidas por cliente

Este coste puede expresarse en valor absoluto (importe en euros), o bien en porcentajes respecto a las ventas, mediante la siguiente relación:

Fórmula:

$$\frac{\text{Coste de materias primas}}{\text{Ventas}} \text{ x100= \% (porcentaje)}$$

El primer método nos proporciona el consumo global de alimentos, y el segundo, el **coste real de alimentos** respecto a las ventas efectuadas a clientes.

Este sistema es más complicado que el anterior, ya que necesita controlar, mediante vales de cesión, las entradas y salidas de alimentos a y desde cocina, y requiere calcular el coste diario de los alimentos de los empleados, lo que no siempre resulta fácil.

La producción de la pastelería y/o de la panadería puede establecerse mediante el mismo método de gestión, con el fin de imputar correctamente los consumos al departamento de pastelería o de panadería. El control de la gestión de la producción consistirá en calcular el coste medio de una porción o unidad de pastelería vendida durante un periodo dado (decena, quincena, mes, etc.), de la misma manera que hemos establecido para la cocina, por diferencia de inventario.

Es como siguc:

Stock inicial del periodo a analizar + Peticiones valoradas a economato y bodega (compras servidas desde el economato) + Compras directas - Valoración del consumo del personal - Stock final = Consumo de materias primas del periodo.

Si este consumo de materias primas durante el periodo estudiado lo dividimos entre el número de porciones o piezas vendidas (datos obtenidos del control de las comandas), obtendremos el coste medio real de la porción de pastelería vendida.

Si aplicamos este planteamiento en un establecimiento de panadería y/o pastelería, obtendremos el coste por unidad vendida.

C. El margen bruto de explotación (MBE o Bb)

Se define como la diferencia existente entre los ingresos netos generados por una actividad y los costes variables (consumos de materias primas).

Algunos autores lo denominan **beneficio bruto** y el Plan Contable General lo define con la siguiente fórmula:

MBE = Bd = I-Cv

Siendo I los ingresos netos y Cv los costes variables.

Bd = MBE = Costes de personal+gastos generales+beneficio neto

Es de suponer que la empresa, con el beneficio bruto o MBE generado, ha de cubrir la totalidad de costes fijos y obtener el beneficio neto deseado.

El **beneficio bruto** nunca debe ser inferior al 65 °/° de los ingresos (según datos del sector).

Si a la facturación o ingresos netos le deducimos los costes variables, obtendremos el Bb:

Bd = I-Mp

Siendo I los ingresos generados por las ventas y Mp las materias primas consumidas (costes variables).

Si empleamos la ratio en porcentaje de materias primas:

$$\frac{MP}{I} = m$$

En la generalidad de los establecimientos de restauración, el valor de "m" oscila entre 0,35 y 0,45, lo que es igual que decir que oscila entre el 35 y el 45 % de los ingresos netos.

Si utilizamos el primer valor de "m" en la fórmula anterior ('):

Bb = (1 - 0,35) x I**;** Bb = 0,65 x I

Lo que equivale a decir que el 86 debe corresponder al 65% de los ingresos netos.

Si utilizamos el segundo valor:

86 = (1 - 0,45) I; Bb = 0,55 x I, 86 es el 55% de los ingresos netos.

Esto equivale a decir que el beneficio bruto o MBE oscila entre el 55 y el 65 % de las ventas netas.

Por tanto, el valor mínimo en porcentaje que debe alcanzar el Bb nunca debe descender del 55 % del valor de las ventas para que la explotación esté equilibrada.

D. Prime cost o coste de fabricación

Este coste, denominado de producción o fabricación, comprende la suma de los costes de alimentos y del coste de personal o laboral.

Se expresa en la fórmula siguiente:

$$Cf = Mp + Cl$$

Siendo Cf el prime cost, o coste de producción o de fabricación
Mp, el coste de materias primas, y Cl, el coste laboral

Si expresamos el ratio del foodcost en porcentaje tendremos:

$$\frac{Cf}{I} = f$$

Siendo I los ingresos totales

Hemos visto antes que la ratio de materias primas al determinar el Bb era:

$$\frac{MP}{I} = m$$

Despejando: Mp = mxI; igualmente podemos deducir el ratio de personal (s):

$$\frac{Cl}{I} = s$$

Despejando: Cl = s x I.

Si sustituimos estos valores en la fórmula del prime cost tendremos:

$$\frac{MP+CI}{I} = f$$

$$f = \frac{I \times m}{I} + \frac{I \times s}{I} = m+s$$

Siendo f s que 0,75, es decir: el ratio del prime cost no debe exceder del 75 % de las ventas.

Con determinados controles, no es difícil establecer el coste de alimentos y bebidas, ni los costes de personal de la unidad de restauración, pues conocemos la plantilla y el importe de la nómina, ya que son los únicos que podemos imputar fiablemente.

Así, la fórmula anterior nos servirá como indicador de la gestión del servicio de restauración, ya que relaciona materia prima y personal globalmente.

Si analizamos la gestión del departamento de comida y bebida de un hotel, el valor del prime cost o coste de producción siempre deberá ser inferior o igual a 0,75 o al 75 % del valor de las ventas netas. Si este coste supera dicha cantidad, los ingresos obtenidos no podrán hacer frente al resto de los costes y al beneficio, poniendo en peligro la rentabilidad del establecimiento.

E. Costes de personal

El coste de personal deberá ser siempre menor que el de materias primas, para que exista una relación de equilibrio y la gestión esté saneada.

Debemos tener presente que para conseguir unas ventas crecientes la ratio de personal tiende a crecer siempre por encima de ellas, por lo que debe buscarse una relación equilibrada entre ambos conceptos. La ratio o coeficiente de personal esté comprendido entre el 0,25 y 0,40 %, o entre el 25 y 40 %, de las ventas netas.

F. Costes generales o gastos de explotación

Son gastos necesarios para la producción, pero su imputación a priori a cada unidad producida es muy difícil de determinar, siendo arbitraria y difícil su distribución.

- Costes de Funcionamiento, sin ellos la producción del restaurante no sería posible
  - Energía y Agua
  - Prooductos de limpieza ; reposición de material, etc
  - Reparaciones y mantenimiento

- Seguros
- Tasa e impuestos municipales

- Costes de Gestión: son necesarios para la correcta gestión de la empresa y permiten la comunicación con proveedores y clientes
  - Equipos informáticos. Modem y ordenadores para facturación y contabilidad; teléfono y fax.
  - Imprenta. Cartas, menús, papel de correspondencia, folletos, etc.
  - Pequeño material de explotación. Papel, talonarios de facturas, comandas, vales de pedido, etc.
- Otros gastos de explotación generales: alquileres, amortizaciones, intereses pagados. Como norma, y para seguir con un criterio de equilibrio de costes, la ratio de gastos de explotación no deberá superar el 12 % de las ventas netas, puesto que un coste mayor disminuiría sensiblemente el beneficio neto. Pueden expresarse en valor absoluto o en porcentaje.

G. Resultado de explotación o beneficio neto

También se denomina **Contribución de explotación** y es el resultado de la gestión económica. Con este beneficio neto retribuiremos el capital invertido por la empresa cualquiera que sea su forma jurídica y también la gestión de explotación.

El resultado o beneficio neto se obtiene restando a los ingresos netos totales los costes totales.

Para calcular las ventas totales no existe dificultad alguna, ya que consiste en sumar globalmente cada una de las ventas parciales. Éstas representan un valor porcentual del 100 %.

El **beneficio neto** puede expresarse también en porcentaje, relacionándolo con las ventas según la siguiente fórmula:

$$\text{Beneficio neto (\%)} = \frac{\text{Beneficio neto en euros}}{\text{Ventas netas en euros}} \text{x100}$$

Para determinar el porcentaje que representan cada uno de los grupos de costes respecto a las ventas, aplicaremos la relación:

$$\frac{\text{Costs}}{\text{Ingresos por ventas}} \text{x100} = \text{\% (porcentaje)}$$

$$\% \text{ Costes de personal, } \% \text{ Cp} = \frac{\text{Cp}}{\text{I}} \times 100$$

$$\% \text{ Costes de alimentos, } \% \text{ Mp} = \frac{\text{Mp}}{\text{I}} \times 100$$

$$\% \text{ MBE o Bb} = \frac{\text{Cp}}{\text{I}} \times 100$$

$$\% \text{ Gastos generales, } \% \text{ Gg} = \frac{\text{Gg}}{\text{I}} \times 100$$

I= Ingresos totales

Todas estas operaciones deben ser referidas siempre al mismo periodo de tiempo.

10.5. Métodos de fijación de precios

Existen diferentes métodos de fijación de precios de los platos de la carta o menús diversos.

Podemos aplicar algún método que nos permita gestionar adecuadamente el restaurante o copiar la carta del restaurante vecino.

Cuando se trata de fijar el precio a un producto, pueden emplearse básicamente tres métodos que dependen de:

Los costes	La demanda o el mercado	La competencia

Estos procedimientos son válidos para establecer el precio de productos individuales. Valoraremos en ellos tanto aspectos económicos como comerciales.

Los **costes** van a condicionar el nivel inferior del precio. La percepción del valor del producto por el consumidor establece el nivel más alto para el precio. La situación de competencia condicionará la fijación del precio entre ambos niveles.

Los métodos basados en los costes son el procedimiento más usual en las empresas de restauración. Consiste en sumar al coste del producto un margen de beneficio.

El primer método es el sistema de cálculo conocido como directcost, que considera solamente los costes variables (alimentos), a lo que añade un margen de contribución destinado a generar, además de beneficios, una cantidad que cubra los costes fijos (personal y gastos generales), pero puede ocurrir que no asegure un margen global (adición de los márgenes de cada producto) que cubra la totalidad de los costes fijos, en el caso de que no se cubran los objetivos de ventas reales marcados por el establecimiento.

El segundo sistema de cálculo, denominado full cost, considera todos los costes, tanto fijos como variables, a los que añade un margen. Estos métodos los desarrollaremos en esta misma unidad aplicados a la restauración.

Los métodos que veremos son:

- Coeficiente multiplicador.
- Los principios de Omnes.
- El menú engineering.

Coeficiente multiplicador

Este método utiliza el sistema de cálculo directcost, que considera solamente los costes de alimentos (costes variables) y comienza con la fijación del porcentaje de coste de alimentos; después se deduce un coeficiente multiplicador que se aplica a estos costes para obtener un precio teórico de ventas. El precio real que se va a cobrar al cliente se fijará en función de los factores que antes se han comentado.

Debemos comenzar calculando el coste de un plato según indicábamos en la hoja de coste, siendo ésta la base del cálculo del precio de venta. A este coste así obtenido le asignaremos un porcentaje preestablecido, lo que nos permitirá tener un rendimiento (MBE), que será la diferencia entre el porcentaje 100 del precio de venta y el del coste de las materias primas (estimado).

$$\text{Ratio o coeficiente multiplicador} = \frac{\text{Costes del plato}}{\text{\% costes alimentos / ventas}} \times 100$$

O lo que es lo mismo:

$$\text{Precio de venta} = \frac{\text{Coste del plato}}{\text{\% coste alimentos / ventas}} \times 100$$

Puede aplicarse de varias maneras:

a) Aplicación según coste de materias primas.

b) Aplicación del coeficiente a los costes directos de producción.

c) Aplicación del coeficiente a los costes totales.

Aplicación según coste de materias primas

Esta aplicación es la más usada por la mayoría de los restauradores. Una vez fijado el porcentaje de coste de materias primas, en adelante CMP, se calcula el coeficiente multiplicador y se aplica al CMP.

Este precio de venta teórico deberá ser redondeado hacia arriba o hacia abajo en función de los factores que el «mercado» está dispuesto a pagar y los precios que aplica la competencia, además de los costes. También intervienen otros factores, como la reputación del restaurante, el servicio prestado, su ubicación, etc., que condicionarán el precio.

Deberemos buscar un punto de equilibrio entre los precios aplicados por nosotros y los de la competencia.

Como ventajas podemos destacar su sencillez a la hora de aplicar y de calcular, mientras que como inconvenientes, señalamos que el restaurador parte de una estimación en el porcentaje del CMP y supone que con el 62 % restante cubrirá las previsiones del coste de producción y se asegurará un beneficio.

Aplicación del coeficiente a costes directos de producción

A los CMP más el coste de la mano de obra directa (en adelante, MOD) implicada en el proceso de producción se les denomina costes directos de producción o primecost.

Determinar así el precio de venta, plantea varios inconvenientes:

1. Parte de una estimación del coste de MDD, lo que puede inducirnos a error.
2. Todos los platos no necesitan la misma cantidad de MOD ni del tiempo empleado en su producción, lo que puede hacernos fijar precios de venta que sean erróneos.
3. El empresario piensa que con el 32 % restante del precio de venta cubrirá los gastos generales y el objetivo de beneficio estimado, lo que puede que no ocurra.

Sin embargo, este segundo método puede ser aplicado con un grado de acierto amplio si incorporamos al proceso de cocinado productos semielaborados (4ª y 5ª gama y de «cocina 45» -carnes y pescados listos para su consumo-), o productos ya terminados completamente, acondicionados y conservados por congelación, refrigeracióno envasados al vacío o con atmósferas modificadas, conservas en lata y cocinados al vacío. Al comprar estos productos, el restaurador no compra sólo materias primas, sino también mano de obra, lo que reducirá sensiblemente los costes de personal en su restaurante.

- **Aplicación del coeficiente a los costes totales**

  En los casos anteriores hemos estimado los porcentajes de coste de CMP y de MDD. El empresario debe estimar nuevamente el porcentaje de gastos generales de la misma manera que hemos hecho para la MOD.

  La ventaja de este método es que tiene en cuenta todos los costes de explotación del período, lo que supone una aproximación al precio de venta más acertada que los métodos anteriores. En cuanto a los inconvenientes:

  - Sigue estimando el porcentaje de gastos generales y de MOD y CMP.
  - No tiene en cuenta que cada gama de platos e incluso cada plato de la carta debe tener un porcentaje de MBE diferente y, por consiguiente, también de beneficio.

Principios de Omnes

Teniendo en cuenta el mercado (oferta y demanda) y la competencia, podemos hacer una aproximación comercial (marketing) para evaluar los precios de venta de la carta. Esta evaluación comercial por sí misma no tiene valor; para que lo tenga, tiene que ir unida a exigencias económicas de rentabilidad con el fin de remunerar no sólo la cuenta de explotación, sino también el capital invertido en el negocio, es decir, debe generar beneficios y pagar dividendos a los accionistas.

Por tanto, el precio debe guardar un equilibrio entre el aspecto económico y el comercial (precios de venta competitivos, gran cantidad de clientes fidelizados y una cifra de negocio alta).

El precio no representa lo mismo para todos los clientes. Pueden presentarse tres casos:

- **Cliente A**. El precio es el elemento más importante.» En este caso, un establecimiento aplicará políticas comerciales y de gestión tendentes a ofrecer precios más bajos que la competencia, con el fin de captar una clientela numerosa.
- **Cliente B**. «El precio es secundario.» Se trata de clientes con mucho dinero que buscan el lujo, un servicio personalizado de calidad y ser vistos en un establecimiento de élite. También se trata de personas, hombres y mujeres de negocios, que acuden con sus clientes a un restaurante de prestigio para ultimar un negocio y/o agasajarlos.
- **Cliente C**. «Relación armónica entre el precio pagado y la calidad recibida.» Claro está que esta apreciación de la calidad será siempre muy subjetiva, ya que cada cliente «percibe» la calidad de diferente manera.

El mercado establece de por sí una fuerte competencia en las diferentes fórmulas de restauración, donde los precios son semejantes. La fama del restaurante o su imagen de marca pueden ser dos de los diferentes y numerosos factores que influirán en el cliente para dirigir su elección.

Los principios de Omnes tienen aplicación no para fijar los precios de la carta, sino para establecer categorías de platos dentro de cada gama de especialidades o bebidas. Para ello, es preciso clasificarlos en grupos homogéneos, llamados gamas de platos.

Son cuatro los principios que se exponen a continuación:

- **Primer principio: dispersión de los precios de una gama**

> Consiste en colocar los precios de los platos en el interior de una gama, por ejemplo, gama de entremeses, de entradas, de postres, o si hablamos de la carta de vinos nos referimos también a las diferentes gamas, ya sean vinos blancos, rosados, tintos o cavas.

Divide cada gama en tres zonas o bandas iguales: baja, media y alta. El número de platos situados en la banda media tiene que ser igual a la suma del número de platos de las bandas baja y alta.

- **Segundo principio: apertura de una gama**

> Este principio analiza la diferencia que existe, dentro de una gama de platos, entre el más alto y el más bajo.

Se mide dividiendo el precio mayor entre el menor, y el cociente debe estar situado entre 2,5 y 3 para gamas con más de 9 platos. Esto quiere decir que el precio más elevado no debe superar en 2,5 o 3 veces al precio menor.

- **Tercer principio: relación demanda/oferta o calidad/precio**

> Se trata de relacionar los precios medios demandados por la clientela con los precios medios ofertados por el restaurador. Esta relación será buena cuando esté situada entre 0,90 y 1.

$$\frac{\text{Precio medio demandado}}{\text{Precio medio ofertado}} < 1$$

Para calcular tanto el precio medio demandado como el ofertado procederemos como sigue:

$$\text{Precio medio demandado} = \frac{\text{Cifra de negocio de una gama}}{\text{N}^{\text{o}} \text{ de platos contenidos en la gama}}$$

$$\text{Precio medio ofertado} = \frac{\text{Suma de precios de venta}}{\text{Nº de platos contenidos en la gama}}$$

La relación entre oferta/demanda será la adecuada cuando esté situada entre 0,9 y 1. Si es inferior a 0,9, los precios son muy altos para el cliente. Si es superior a 1, los precios propuestos son muy bajos y los clientes prefieren los precios más altos porque piensan que ello les asegura una buena relación calidad/precio.

En estos tres casos para cada gama de platos, la media de los precios de venta (precio medio ofertado) deberá ser ligeramente superior a la media de los precios de los platos pedidos por el cliente (precio medio demandado), para que la relación calidad/precio sea la adecuada y se sitúe entre 0,9 y 1.

Cuarto principio: La promoción de platos

Es interesante promocionar platos de la carta e incluso bebidas, acercando los precios de los mismos a la demanda de los clientes.

El restaurador puede elaborar menús de promoción teniendo en cuenta las preferencias de la clientela, y ofertarlos a un precio máximo, próximo al total obtenido a partir del precio medio de cada una de lasgamas de platos y bebidas que intervienen en la confección del menú promocionado.

Así, un menú compuesto por un entrante, un plato principal, un postre y una bebida deberá tener un precio próximo al total obtenido a partir del precio medio de los entrantes de la carta, de los platos principales, de los postres y de las bebidas.

El menú engineering

Es un método, propuesto por Donald Smith, de análisis, seguimiento y evaluación de las ventas de la carta de un restaurante, del diseño de la misma y de su contenido.

Todo esto nos permitirá tomar decisiones respecto a qué platos conservar y cuales cambiar. Este análisis nos permitirá tomar decisiones respecto a los precios actuales y futuros de la carta, con la finalidad de obtener el máximo beneficio y mejorar la aceptación de la clientela.Este método exige un registro pormenorizado y riguroso de todas las ventas y de los costes.

Está basado en los siguientes procedimientos:

- Análisis de los componentes de la carta.
- Estudio del índice de popularidad o porcentaje de ventas de cada plato en relación al total.

- Clasificación en cuatro categorías de los platos de la carta.
- Toma de decisiones respecto al contenido de la carta.

El objetivo principal de este método es conseguir que la carta aporte el máximo beneficio y que sea lo más atractiva posible.

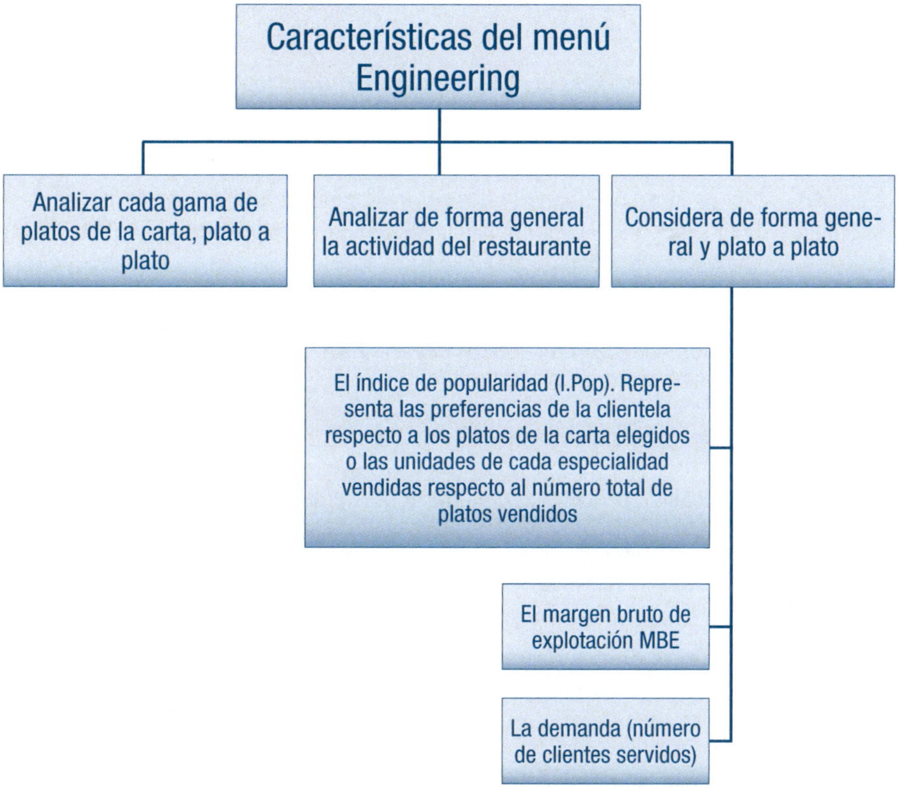

Podemos representar este método mediante una tabla compuesta por trece columnas de indicadores relativos a los platos a estudiar, referidos a un periodo de tiempo determinado (un mes o quincena), y a cada gama de platos de la carta por separado. Así, tenemos:

1. Columna A. Nombre de los platos objeto del estudio. Toda lista de platos debe ser homogénea. Pueden analizarse gama a gama los platos, así, como las bebidas, sugerencias y platos del día.

2. Columna B. Número de platos vendidos, de cada especialidad, en el periodo. El total de platos, (N) figurará al final de cada columna.

3. Columna C. Porcentaje de venta de cada especialidad respecto al final. También se le conoce por I.Pop. Al final de la columna figurará el cien por cien (0).

4. Columna D. Coste de alimentos unitario (hoja de coste) – en adelante, CMP (coste de materias primas).

5. Columna E. Precio de venta unitario. Al final de la columna puede exponerse el precio medio de venta ofertado, aunque no es necesario para este análisis.

6. Columna F. Margen bruto de explotación de cada plato (E-D)*P.

7. Columna G. MBE expresado en porcentaje:

8. Columna H. Costes totales. Se obtienen del producto de unidades vendidas de cada plato por el coste unitario (H=B*D). Al final de la columna figurará el coste total de los alimentos consumidos (P).

9. Columna I. Cifra de negocio. Representa las ventas producidas por cada plato, es decir, las cantidades vendidas de cada plato multiplicadas por su precio unitario: I = (B*E). Al final de la columna figurará la cifra total de ventas (Q).

10 Columna J. Rendimiento o MBE por cada categoría de plato. Se obtiene multiplicando el número de unidades vendidas de cada especialidad por el MBE unitario: 3 = (B • F). Al final de cada columna figurará el rendimiento total (R).

11. Columna K. Clasificación según el MBE en categoría alta y baja.

12. Columna L. Clasificación según el porcentaje sobre ventas o I. Pop. Medio.

13. Columna M. Clasificación final.

En términos generales, debemos evaluar el comportamiento de cada plato nuevo que se ofrezca en la carta en función de los parámetros expuestos en el siguiente listado:

Plato Estrella

- Es un plato muy popular. Lo piden mucho (alto porcentaje de ventas) y tiene además un MBE alto. Contribuye a dar buena fama al restaurante. Las acciones a emprender respecto a estos platos estrella son:
  - Mantener siempre un alto nivel de calidad, cantidad, presentación y promoción.
  - Situarlos en una zona bien visible y atractiva de la carta. Zona más vendible.
  - Realizar test de elasticidad de los precios, viendo hasta dónde podemos subirlos sin que se resientan las ventas (demanda).

Plato Vaco

- Es también un plato muy popular. Se vende mucho porque su precio es atractivo. Su MBE es bajo. Representa una sólida fuente de ingresos y es, junto al anterior, el origen de la popularidad del restaurante. Las acciones que deben emprenderse son:

- Por su MBE bajo estos platos deberían colocarse en lugares poco atractivos de la carta.
  - Poner a prueba la elasticidad de los precios con la debida cautela y observar el comportamiento de la demanda. Si su popularidad se resiente, mantener el precio de venta.
  - Intentar bajar el CMP, bien utilizando productos alternativos de menor coste con el fin de incrementar el MBE del plato, bien reduciendo las porciones sin que influya en la demanda del plato, bien buscando nuevos proveedores que nos ofrezcan el producto en mejores condiciones de precio.
  - Determinar el coste directo de producción de estos platos. Si la preparación del plato es muy laboriosa, y requiere mucha mano de obra cualificada, se nos plantean dos soluciones: a) Aumentar el precio del plato y observar su comportamiento.b) Sustituir el plato por otro más rentable.

Plato Perro viejo

- Plato poco pedido, precisa manipulación elevada y su MBE es bajo. Hace perder dinero al restaurante.
- Acciones que se pueden emprender:
  - Aumentar el precio de venta, con el fin de transformarlo en enigma de acuerdo al comportamiento de la demanda. Si ésta no responde, eliminarlo de la carta.
  - Estimular las ventas mediante el ofrecimiento del plato al cliente por el personal del comedor.
  - Buscar nuevos proveedores que nos ofrezcan buenos precios de compra.
  - Mantener en cualquier caso un pequeño stock de géneros empleados en su elaboración, por si algún cliente fijo lo demanda.

Plato Enigma

- Este plato es poco pedido, pero su MBE es alto. Se pueden emprender las siguientes acciones:
  - Si su demanda es poca, requiere mucho trabajo y la conservación de las materias primas empleadas es pequeña, eliminarlo de la carta.
  - Cambiar el nombre del plato por otro más familiar.
  - Intentar la promoción de estos platos colocándolos en un lugar bien visible de la carta y ver el comportamiento de la demanda.
  - Disminuir su precio de venta, puesto que la falta de demanda puede ser debida a su elevado precio de venta.

- Mejorar la presentación del plato y hacer que el personal del comedor lo recomiende a los clientes que sirva.

Con el fin de obtener el máximo rendimiento del restaurante, procederemos como sigue:

- Producir los platos con productos habituales en stock.
- Aumentar el número de los platos que requieren en su confección escasa mano de obra especializada y poco tiempo de trabajo.
- Buscar y negociar con proveedores el mantenimiento de precios estables durante largos periodos de tiempo, evitando fluctuaciones importantes.
- Aplicar técnicas de decoración y presentación de platos para estimular la venta.
- Aplicar técnicas publicitarias de estímulo a las ventas para ubicar los platos en la carta.
- Realizar platos de bajo coste de materias primas con buena presentación y MBE alto.

UD10

lo máS importante...

- Según el Plan Contable Nacional, el coste se entiende como «la medida y valoración del consumo realizado o previsto por la aplicación racional de los factores para la obtención de un producto, trabajo o servicio», aunque también puede definirse también como «el valor económico que se le da a cada unidad de producción».

- En cuanto a los tipos de costes que hay y su clasificación, podemos distinguir entre los costes fijos, variables, los directos y los indirectos.

- Como instrumentos para el control de éstos, podemos destacar que son aquellos documentos internos de cada establecimiento que ayudan a controlar y a verificar que los gastos de género de un día o periodo de tiempo se ajustan con las entradas y controlan las posibles desviaciones llevadas a cabo por un mal racionado o por un uso indebido, etc.

  Entre estos documentos destacamos:

  - El reporte de compra diario
  - La ficha de inventario permanente
  - El vale d pedidos
  - El parte de consumo diario

- En cuanto a los componentes del precio, podemos destacar que el precio de venta de un bien o servicio incluye diversos costes y un beneficio neto., resumiéndose de la siguiente forma:

  Ventas o ingresos por ventas - Costes de materia prima (alimentos y bebida) = **Beneficio bruto (BB) o Margen Bruto de Explotación (MBE)** - Costes de personal - Gastos generales = **Beneficio neto**

- Para fijar el precio a un producto se emplean tres métodos que dependen de los costes, la demanda o mercado y la competencia.

  Dichos métodos son:

  - Coeficiente multiplicador.
  - Los principios de Omnes.
  - El menú Engineering.

- En el Principio de Omnes se tendrá en cuenta la oferta y demanda, un equilibrio entre el aspecto económico y comercial. Sirve para establecer unas categorías más que de fijar los precios, mientras que en el menú Engineering el objetivo principal es que repercuta los máximos beneficios con una carta de lo más atractiva.

UD10

autoEvaluación

1. ¿A qué llamamos costes indirectos?

a) A aquellos en los que es necesario recurrir a algún método de reparto para aplicarlos a un producto o proceso. Estos costes son comunes a más productos o procesos y su reparto o distribución atenderán a criterios subjetivos y arbitrarios.

b) A aquellos en los que no es necesario recurrir a algún método de reparto para aplicarlos a un producto o proceso. Estos costes son poco comunes en más de un producto o procesos y su reparto o distribución atenderán a criterios objetivos y arbitrarios.

c) A aquellos que se asocian a un producto directamente, sin necesidad de realizar ningún tipo de reparto.

d) Ninguna de las respuestas anteriores es correcta.

2. ¿Quién es el encargado de elaborar las fichas técnicas de producción o fabricación?

a) El cocinero.

b) El jefe de economato y bodega.

c) No existe una persona encargada de dicha tarea.

d) El jefe de cocina.

3. ¿Qué nos garantiza la hoja de coste o escandallo del plato?

a) Que siempre se emplearán distintas cantidades de materias primas.

b) Que siempre se emplearán las mismas cantidades de materias primas.

c) Que siempre se emplearán los mismos ingredientes codificados y en las mismas cantidades.

d) Tanto la B como la C son correctas.

4. ¿De qué otra forma es conocido el MBE?

a) Coste de alimentos.
b) Costes variables.
c) Beneficio bruto.
d) Costes directos.

5. ¿Quién es la persona encargada de gestionar la ficha de inventario permanente?

a) El jefe de compras.
b) El encargado del economato y bodega.
c) Tanto el jefe de compras como el encargado del economato y bodega podrían gestionarlo.
d) Ninguna de las respuestas anteriores es correcta.

6. ¿A qué llamamos escandallo?

a) Al documento interno que sirve al jefe para ajustar sus necesidades diarias o especificas en función de las previsiones y tipos de servicio, menú, carta, etc.
b) A la moneda de cambio de los establecimientos que sirve como justificante de las salidas de economato.
c) Al documento que fija el rendimiento de un producto perecedero y su precio según los procesos derivados de su transformación.
d) Es el parte de consumo realizado por cocina que partiendo del inventario inicial y añadiéndole las entradas y restando el stock final, nos da el consumo del día.

7. ¿A qué llamamos prime cost?

a) Al coste de fabricación o producción.
b) Al coste de materias primas.
c) A la suma de los costes de alimentos y del coste de personal.
d) B y C son respuestas correctas.

8. ¿Cómo deberá ser el coste de personal para alcanzar una relación de equilibrio y la gestión esté saneada?

a) Siempre mayor que el de las materias primas.
b) Siempre menor que el de las materias primas.
c) Mayor o igual al de las materias primas.
d) Ninguna de las respuestas anteriores es correcta.

9. ¿Qué tipo de costes serían las cartas, imprenta, papel de correspondencia, folletos, etc?

a) Costes de funcionamiento.

b) Costes de gestión.

c) Otros gastos de explotación.

d) Cada uno de ellos se podrá enmarcar en distintos grupos de costes.

10. ¿Cómo se caracteriza el Principio de Omnes?

a) Se fijan los precios de la carta y así, en función de ello, mejorar la fama del restaurante o su imagen.

b) Se establecen categorías de platos, dentro de cada gama de especialidades o bebidas, clasificándose en gamas de platos.

c) Se establecen los precios en función de la demanda sobre la oferta o relación calidad/precio.

d) Ninguna de las respuestas anteriores es correcta.

hostelería y turismo

Glosario

- **Albarán:** Nota de entrega que firma la persona que recibe una mercancía (RAE).
- **Cheque:** Documento por el cual una persona (la que expide, el "librador") ordena a una entidad bancaria (librado) en la que tiene dinero que pague una determinada suma a otra persona o empresa (beneficiario o tenedor)". (Banco de España)
- **Desbarase:** Retirada de la cubertería y la vajilla usadas en los cambios de plato o al final de todo el servicio. Los camareros suelen aprovechar el desbarase para limpiar restos de comida que pudieran haber quedado en la mesa.
- **Empomada:** Mantequilla o manteca a una temperatura cercana a los 25° C, lo que significa una textura y una consistencia que la convierten en más maleable y, por tanto, más fácil de mezclar y untar.
- **Escandallo:**Documento que contiene una relación valorada de los ingredientes de un plato. Se usa para calcular costes, conocer las mermas en cada ingrediente, calcular el precio de venta al público, uniformizar la forma de preparar los platos...
- **Escucha activa:** Escuchar y, además, comprender la comunicación desde el punto de vista del emisor.
- **Feedback:** ver *Retroalimentación*.
- **Flyer:** Papel impreso, del tamaño de media cuartilla, que contiene publicidad. Se suele distribuir de mano en mano por la calle o por buzoneo.
- **Lito:** Paño, usualmente de color blanco, que usan los camareros para servir los platos y algunas bebidas (vino o cava, por ejemplo). Su utilidad es doble: proteger la mano del calor del plato y limpiar pequeñas manchas o gotas. Se suele llevar enrollado en la mano izquierda.

- **Marcar:** Colocar los cubiertos específicos que el comensal necesitará para degustar los platos que ha pedido.

- **Mercadotecnia:** O *marketing*. Conjunto de principios y prácticas que buscan el aumento del comercio, especialmente de la demanda (RAE).

- **Mise en place:** Término francés con el que se designa el conjunto de tareas precisas para que, antes de empezar el servicio en un establecimiento hostelero, todo esté limpio, ordenado, dispuesto y preparado para ser usado.

- **Muletilla:** Servilleta especialmente doblada sobre un plato trinchero.

- **Muletón:** Pieza de tela afelpada y gruesa, normalmente de algodón o lana, que se coloca directamente sobre la mesa y bajo el mantel. Además de aumentar la sensación de confort, sirve para proteger a mesa de golpes, el calor de los platos y los líquidos que se puedan derramar, al tiempo que amortigua los ruidos producidos por vajilla y cubertería.

- **PDA:** Siglas inglesas de "Asistente Digital Personal". Se trata de un ordenador de bolsillo, con sistema de reconocimiento de escritura, que, en principio, se utilizaba como agenda electrónica.

- **Pilé:** Hielo picado fino. Cuando el hielo está machado, se le llama *frappé*.

- **PIN:** Siglas inglesas de Número de Identificación Personal. Es un código numérico que, a modo de contraseña, da acceso a determinados sistemas, como los cajeros automáticos o los teléfonos móviles.

- **Pomada:** ver *Empomada*

- **Producto estrella:** El que, según la matriz del Boston Consulting Group, se encuentra en un mercado en crecimiento y se caracteriza por una cuota de mercado alta.

- **Producto complementario:** El que depende de otro, de manera que, cuando sube el precio de este, la demanda del complementario baja. Dos productos son "complementarios perfectos" si no se puede vender o consumir uno sin el otro.

- **Rango:** Grupo de mesas de un establecimiento de Hostelería que es atendido por un jefe de rango y, generalmente, un ayudante.

- **Rechaud:** Pequeño utensilio consistente en un fogón a gas o alcohol, utilizado para calentar, guisar o flambear en sala.

- **Retroalimentación:** O *feedback*. "Conjunto de reacciones o respuestas que manifiesta un receptor respecto da la actuación del emisor, lo que es tenido en cuenta por este para cambiar o modificar su mensaje".

- **Stock:** "Conjunto de productos o materiales que almacena una empresa, un comercio, etc., a la espera de su utilización o venta, o para hacer frente a futuras demandas".

- **Tarjeta de crédito:** Tarjeta que permite realizar transacciones que se abonan a futuro. Es decir, la entidad emisora de la tarjeta paga por el cliente, cobrando a este, más adelante, lo gastado más unos intereses.

- **Tarjeta de débito:** Tarjeta que permite realizar transacciones que se cargan de manera inmediata a la cuenta del titular. Dicho de otro modo, el dinero se retira de la cuenta del cliente en cuanto este realiza el pago con la tarjeta.

- **Twist:** Piel de cítrico cortada en forma de espiral larga.

- **Vending:** "Sistema de venta de productos de consumo por medio de máquinas autoexpendedoras, accionadas de forma mecánica, previo pago por el consumidor". La legislación española lo conoce como "venta automática".

- **Wifi:** Es un mecanismo que sirve para conectar dispositivos electrónicos (ordenadores, consolas de videojuegos, *smartphones*...) de manera inalámbrica.

- **Zeste:** Ralladura de la piel de un cítrico.

hostelería y turismo

anexo

REAL DECRETO 3484-2000

el que se anoten todas las que se produzcan a las mismas y que permita, asimismo, la identificación de los vehículos que entren o salgan de la explotación.»

3. El artículo 7 se modifica del modo siguiente:

El apartado 1 se sustituye por el siguiente:

«El Registro de explotaciones porcinas, gestionado por el Ministerio de Agricultura, Pesca y Alimentación se estructura en distintas secciones según las categorías a que hace referencia el artículo 3, y además, la relativa a las explotaciones para el autoconsumo y las explotaciones reducidas. Dicho Registro incluye los datos obrantes en los Registros de explotaciones gestionados por los órganos competentes de las Comunidades Autónomas.»

El apartado 6 se sustituye por el siguiente:

«6. El cese o suspensión de la actividad de la explotación durante un período superior a un año será causa de ineficacia sobrevenida de la inscripción, correspondiendo a las Comunidades Autónomas determinar la forma de hacer constar esta ineficacia en el Registro. No obstante, por causa justificada y previa petición del interesado, las Comunidades Autónomas podrán autorizar la suspensión de la actividad de la explotación por un período no superior a tres años, sin incurrir en ineficacia de la inscripción.»

4. El artículo 8 se modifica del modo siguiente:

El segundo inciso del apartado 1 se sustituye por el siguiente:

«Para poder ser inscritas en el Registro, las nuevas explotaciones deberán cumplir, en cada caso, la legislación aplicable al municipio correspondiente que afecta a esta actividad y acreditar el cumplimiento de los requisitos establecidos en este Real Decreto.»

En el primer inciso del apartado 2 se sustituye la expresión «disponiendo de licencia municipal de actividad» por la siguiente:

«cumpliendo con la legislación aplicable al municipio correspondiente que afecta a esa actividad.»

5. La disposición adicional primera se modifica del modo siguiente:

El primer párrafo del apartado 1 se sustituye por el siguiente:

«1. El Gobierno, mediante Real Decreto, a propuesta conjunta de los Ministros de Agricultura, Pesca y Alimentación y de Medio Ambiente, oídas las Comunidades Autónomas, las organizaciones profesionales agrarias, el sector productor y, en su caso, otras organizaciones sociales y económicas, establecerá en el plazo máximo de diez meses desde la entrada en vigor del presente Real Decreto, las siguientes prescripciones técnicas:»

Disposición adicional única. *Título competencial.*

El artículo único del presente Real Decreto tendrá el carácter de normativa básica estatal al amparo de lo dispuesto en el artículo 149.1.13.ª de la Constitución que atribuye al Estado la competencia sobre las bases y la coordinación de la planificación general de la actividad económica; en el artículo 149.1.16.ª, que atribuye al Estado la competencia exclusiva sobre las bases y coordinación general de la sanidad, y en el artículo 149.1.23.ª, que atribuye al Estado la competencia para dictar legislación básica sobre protección del medio ambiente.

Disposición final única. *Entrada en vigor.*

El presente Real Decreto entrará en vigor el día siguiente al de su publicación en el «Boletín Oficial del Estado».

Dado en Madrid a 29 de diciembre de 2000.

JUAN CARLOS R.

El Vicepresidente Primero del Gobierno
y Ministro de la Presidencia,
MARIANO RAJOY BREY

809 *REAL DECRETO 3484/2000, de 29 de diciembre, por el que se establecen las normas de higiene para la elaboración, distribución y comercio de comidas preparadas.*

El sector de la restauración en España ha estado regulado por diversas disposiciones de carácter específico: el Real Decreto 512/1977, de 8 de febrero, por el que se aprueba la Reglamentación técnico-sanitaria para la elaboración, circulación y comercio de platos preparados (precocinados y cocinados), modificado por el Real Decreto 3139/1982, de 12 de noviembre; la Orden de 21 de febrero de 1977 sobre normas higiénico-sanitarias para la instalación y funcionamiento de industrias dedicadas a la preparación y distribución de comidas para consumo en colectividades y medios de transportes; y el Real Decreto 2817/1983, de 13 de octubre, por el que se aprueba la Reglamentación técnico-sanitaria de los comedores colectivos y sus modificaciones posteriores. Esta normativa ha jugado un papel muy importante, tanto en la mejora de las condiciones higiénico sanitarias de los establecimientos del sector de la restauración, sobre todo los de nueva creación, como en el desarrollo de unas prácticas correctas de manipulación de los alimentos y una formación adecuada en higiene alimentaria de los responsables y manipuladores que trabajan en este sector alimentario.

Sin embargo, el tiempo transcurrido desde la aprobación de la legislación citada hasta la actualidad, así como la experiencia acumulada han puesto de manifiesto la necesidad de revisar de manera global la citada normativa, para adaptarla a las nuevas directrices emanadas de disposiciones comunitarias y normas del «Codex Alimentarius» y, a la vez, dar cabida a las nuevas modalidades de elaboración y venta de comidas preparadas, tales como la venta a domicilio o la venta de comida para llevar.

Por un lado, el Real Decreto 2207/1995, de 28 de diciembre, por el que se establece las normas de higiene relativas a los productos alimenticios, que ha incorporado al Derecho español la Directiva 93/43/CEE, de 14 de junio, relativa a la higiene de los productos alimenticios, obliga a las empresas del sector alimentario, entre ellas las del sector de la restauración, a realizar actividades de autocontrol, basadas en los principios de análisis de peligros y puntos de control crítico, para lo cual prevé que los interesados puedan seguir, de forma voluntaria, las guías de prácticas correctas de higiene que, en su caso, se desarrollen. En este sentido, la presente disposición hace expresa la obligación de desarrollar y aplicar sistemas de autocontrol para el sector de comidas preparadas y, además, incorpora la posibilidad de desarrollar las guías de prácticas correctas de higiene (GPCH) apropiadas al mismo.

Por otro lado, con esta disposición, se pretende reducir y eliminar prácticas incorrectas de manipulación de alimentos, que, según los datos epidemiológicos nacionales, están consideradas como factores contribuyentes en la aparición de brotes de infecciones e intoxicaciones de origen alimentario.

Asimismo, mediante esta disposición, se posibilita que las empresas del sector de comidas preparadas utilicen nuevos sistemas de conservación de los productos alimenticios, siempre y cuando exista evidencia científica o técnica de las garantías de seguridad y salubridad y así se demuestre a las autoridades competentes. Esta nueva concepción se inspira en los trabajos más recientes del «Codex Alimentarius».

A tal efecto, la presente disposición se ajusta a lo establecido en el Real Decreto 2207/1995, recoge determinadas normas del Real Decreto 512/1977, de la Orden de 21 de febrero de 1977 y del Real Decreto 2817/1983, e incorpora los aspectos citados de los documentos del «Codex Alimentarius», así como aquellos requisitos dirigidos a reducir y eliminar prácticas de manipulación, que están consideradas como factores contribuyentes en la aparición de brotes de infecciones e intoxicaciones alimentarias, según se constata en los datos epidemiológicos nacionales.

Esta disposición ha sido sometida al procedimiento de información en materia de normas y reglamentaciones técnicas y de reglamentos relativos a los servicios de la sociedad de la información, previsto en la Directiva 98/34/CE del Parlamento Europeo y del Consejo de 22 de junio, modificada por la Directiva 98/48/CE de 20 de julio, así como en el Real Decreto 1337/1999, de 31 de julio, que incorpora estas Directivas al ordenamiento jurídico español.

En su elaboración se ha dado audiencia a los sectores afectados, habiendo emitido su preceptivo informe la Comisión Interministerial para la Ordenación Alimentaria.

En su virtud, a propuesta de los Ministros de Sanidad y Consumo, de Agricultura, Pesca y Alimentación, de Economía y de Ciencia y de Tecnología, de acuerdo con el Consejo de Estado y previa deliberación del Consejo de Ministros en su reunión del día 29 de diciembre de 2000,

D I S P O N G O:

Artículo 1. *Objeto y ámbito de aplicación.*

1. El presente Real Decreto tiene por objeto definir y establecer las normas de higiene de elaboración, envasado, almacenamiento, transporte, distribución, manipulación, venta, suministro y servicio de comidas preparadas. Las normas que se establecen serán de aplicación, asimismo, a los productos importados de países terceros.

2. Este Real Decreto es aplicable a todas aquellas empresas de carácter público o privado, social o comercial, permanentes o temporales que lleven a cabo cualquiera de las siguientes actividades: elaboración, envasado, almacenamiento, transporte, distribución, manipulación, venta —directa al consumidor, con o sin reparto a domicilio, en máquinas expendedoras o a terceros—, suministro, servicio e importación de comidas preparadas.

Todo ello sin perjuicio de lo establecido en el Real Decreto 1904/1993, de 29 de octubre, por el que se establecen las condiciones sanitarias de producción y comercialización de productos cárnicos y de otros determinados productos de origen animal.

3. Las exigencias de este Real Decreto no serán obstáculo para la libre circulación de los productos fabricados y, en su caso, comercializados en los restantes Estados miembros de la Unión Europea o firmantes del Acuerdo del Espacio Económico Europeo, conforme a la normativa vigente en estos Estados, sin perjuicio de las actuaciones que, al amparo del artículo 30 del Tratado Constitutivo de la Comunidad Europea, las autoridades competentes eventualmente pudieran considerar necesarias para proteger la salud o los legítimos intereses de los consumidores, así como la lealtad de las transacciones comerciales.

Artículo 2. *Definiciones.*

1. Comida preparada: elaboración culinaria resultado de la preparación en crudo o del cocinado o del precocinado, de uno o varios productos alimenticios de origen animal o vegetal, con o sin la adición de otras sustancias autorizadas y, en su caso, condimentada. Podrá presentarse envasada o no y dispuesta para su consumo, bien directamente, o bien tras un calentamiento o tratamiento culinario adicional.

2. Comida preparada con tratamiento térmico: aquella comida preparada que durante su elaboración ha sido sometida en su conjunto a un proceso térmico (aumento de temperatura), tal que pueda ser consumida directamente o con un ligero calentamiento.

3. Establecimiento: industria, local o instalación permanente o temporal donde se elaboran, manipulan, envasan, almacenan, suministran, sirven o venden comidas preparadas, con o sin servicio en el mismo, para su consumo.

4. Colectividad: conjunto de consumidores con unas características similares que demandan un servicio de comidas preparadas, tales como escuela, empresa, hospital, residencia y medio de transporte.

5. Autoridad competente: los órganos competentes de las Comunidades Autónomas y Administraciones locales respecto del mercado interior y el Ministerio de Sanidad y Consumo, en lo referente a los intercambios con países terceros, así como, a través de los cauces reglamentarios, en lo referente a las relaciones que deban establecerse con la Unión Europea.

Artículo 3. *Condiciones de los establecimientos.*

Sin perjuicio de los preceptos establecidos en el Real Decreto 2207/1995, de 28 de diciembre, por el que se establecen las normas de higiene relativas a los productos alimenticios, los establecimientos cumplirán los siguientes requisitos:

1. Dispondrán de la documentación necesaria para poder acreditar al proveedor inmediato de las materias primas utilizadas y de los productos que almacenan, suministran, venden o sirven.

2. Los aparatos y útiles de trabajo destinados a entrar en contacto con las materias primas, productos intermedios y productos finales, estarán fabricados con materiales resistentes a la corrosión y fáciles de limpiar y desinfectar.

3. Dispondrán de los equipos e instalaciones de conservación a temperatura regulada con la capacidad suficiente para las materias primas, productos intermedios y productos finales que elaboren, manipulen, envasen, almacenen, suministren y vendan, que así lo requieran.

Tales equipos e instalaciones tendrán las características necesarias para utilizar el sistema de conservación elegido eficazmente, de manera que se alcancen las debidas garantías sanitarias. Además estarán provistos de sistemas de control y, cuando sea necesario, de registro de la temperatura, colocados en lugares fácilmente visibles.

4. Las zonas de elaboración, manipulación y envasado de comidas preparadas dispondrán, cuando sea necesario, de lavamanos de accionamiento no manual.

5. Para la limpieza de las instalaciones, equipos y recipientes que estén en contacto con los productos alimenticios, así como de los locales en los que se ubiquen dichos productos alimenticios, el responsable del establecimiento contratará o elaborará y aplicará un programa de limpieza y desinfección basado en el análisis de peligros mencionado en el artículo 10 del presente Real Decreto.

Para la lucha contra plagas, el responsable del establecimiento contratará o elaborará y aplicará un programa de desinsectación y desratización, basado en el análisis de peligros mencionado en el artículo 10 del presente Real Decreto. La aplicación de dicho programa se realizará de acuerdo con la legislación vigente.

6. Los contenedores para la distribución de comidas preparadas, así como las vajillas y cubiertos que no sean de un solo uso, serán higienizados con métodos mecánicos, provistos de un sistema que asegure su correcta limpieza y desinfección.

Artículo 4. *Condiciones de las máquinas expendedoras de comidas preparadas.*

1. Los productos alimenticios ofrecidos en máquinas expendedoras se renovarán con la frecuencia necesaria, teniendo en cuenta su fecha de caducidad o fecha de consumo preferente y se mantendrán a las temperaturas indicadas en el artículo 7 del presente Real Decreto.

2. Las máquinas expendedoras estarán debidamente identificadas, indicando de forma claramente legible y fácilmente visible, en la parte exterior de la máquina, el nombre y dirección de la persona o empresa responsable del abastecimiento y mantenimiento de las mismas.

3. El responsable de las máquinas expendedoras contratará o elaborará y aplicará un programa de limpieza basado en el análisis de peligros mencionado en el artículo 10 del presente Real Decreto.

Artículo 5. *Registro General Sanitario de Alimentos.*

Sin perjuicio de lo establecido en el Real Decreto 1712/1991, de 29 de noviembre, sobre el Registro General Sanitario de Alimentos:

1. Las empresas que elaboran, envasan, almacenan, distribuyen, importan, suministran y, en su caso, sirven comidas preparadas, en un local propio o ajeno, para colectividades, otros establecimientos y puntos de venta, quedan sujetas a inscripción en el Registro General Sanitario de Alimentos.

2. Las empresas que, en el mismo local, elaboran, envasan, almacenan, sirven y, en su caso, venden comidas preparadas directamente al consumidor final, con o sin reparto a domicilio, quedan excluidas de la obligatoriedad de inscripción en el Registro General Sanitario de Alimentos.

En todo caso, dichos establecimientos dispondrán de una autorización sanitaria de funcionamiento concedida por la autoridad competente, con carácter previo al comienzo de su actividad.

Artículo 6. *Requisitos de las comidas preparadas.*

Sin perjuicio de las normas establecidas en el Real Decreto 2207/1995, las comidas preparadas y sus procesos de elaboración y manipulación cumplirán los siguientes requisitos:

1. En la elaboración de comidas preparadas se podrá utilizar cualquier producto alimenticio apto para el consumo humano y que, en su caso, cumpla los requisitos previstos en sus normas específicas correspondientes.

2. Las materias primas, productos intermedios y productos finales serán elaborados, manipulados, almacenados, envasados y vendidos al consumidor en condiciones tales que se evite todo posible deterioro o contaminación susceptibles de convertirlos en impropios para el consumo humano o peligrosos para la salud.

En particular, en los locales donde se realicen estas actividades, no se permitirá el contacto directo de los productos alimenticios con el suelo, ni la presencia de animales.

3. La recepción, selección, preparación y, si procede, limpieza de las materias primas se realizará, siempre que sea posible, en un local o espacio reservado para tal fin.

Cuando tales operaciones se realicen en el mismo espacio que el dedicado a la elaboración propiamente de las comidas preparadas, se realizarán de manera que se evite toda posibilidad de contaminación cruzada con otros alimentos, en distinto momento de la elaboración y separadas por las operaciones de limpieza y desinfección de las superficies y útiles de trabajo en contacto con los alimentos.

4. La descongelación se realizará en refrigeración. No obstante, los responsables de los establecimientos podrán establecer otro método siempre y cuando exista evidencia científica y técnica de las garantías de seguridad y salubridad para cada tipo de producto y, en cualquier caso, haya sido verificado por la autoridad competente.

Una vez descongelados los productos alimenticios, se elaborarán inmediatamente o se conservarán refrigerados durante un período de tiempo y a una temperatura tal que se evite la alteración de los mismos y, en particular, el posible desarrollo de microorganismos patógenos o la formación de toxinas susceptibles de producir peligros para la salud.

Las comidas preparadas descongeladas, no se podrán recongelar. Asimismo, las materias primas descongeladas destinadas a elaborar comidas preparadas no se podrán recongelar.

5. El fraccionamiento de materias primas, productos intermedios y productos finales, con la finalidad de ser utilizados o presentados para su consumo o venta, se realizará en función de las necesidades de trabajo o demanda, de manera que se utilicen las cantidades más reducidas posibles destinadas a su inmediata elaboración, consumo o venta y en condiciones de higiene tales que se evite toda posible contaminación o alteración de los mismos.

Las comidas preparadas ultracongeladas destinadas a ser expedidas al consumidor final cumplirán lo regulado en el Real Decreto 1109/1991, de 12 de julio, por el que se aprueba la norma general relativa a los ultracongelados destinados a la alimentación humana y en el Real Decreto 1466/1995, de 1 de septiembre, por el que se deroga el artículo 9 de la citada norma general.

6. Las comidas preparadas se elaborarán con la menor antelación posible al tiempo de su consumo, salvo las que vayan a ser congeladas o refrigeradas.

7. Las comidas preparadas destinadas a ser conservadas o servidas a temperatura regulada se some-

terán, cuanto antes, una vez concluida la fase final de la elaboración, a los tratamientos adecuados para alcanzar las temperaturas establecidas en el artículo 7.

8. Sin perjuicio de lo previsto en el apartado anterior, las comidas preparadas con tratamiento térmico elaboradas en el mismo establecimiento donde van a ser consumidas y que vayan a ser conservadas en frío, se refrigerarán, desde el final del tratamiento térmico y en el plazo de tiempo más breve posible, de tal manera que se alcance, en su parte central, una temperatura inferior o igual a 8 °C.

No obstante lo previsto en el párrafo anterior, se podrá superar el límite establecido, por razones tecnológicas, siempre que exista evidencia científica o técnica que garantice la seguridad y salubridad de las comidas preparadas y, en cualquier caso, hayan sido verificadas por la autoridad competente.

9. Las comidas preparadas cocinadas, incluidas las que hayan sido previamente descongeladas, se mantendrán en refrigeración hasta su utilización y se recalentarán, en el menor tiempo posible, de tal manera que se alcance en el centro del producto una temperatura igual o superior a 65 °C.

10. Los aditivos utilizados en la elaboración de comidas preparadas se ajustarán a la siguiente normativa y a sus posteriores modificaciones:

a) Real Decreto 2001/1995, de 7 de diciembre, por el que se aprueba la lista positiva de aditivos colorantes autorizados para su uso en la elaboración de productos alimenticios, así como sus condiciones de utilización.

b) Real Decreto 2002/1995, de 7 de diciembre, por el que se aprueba la lista de aditivos edulcorantes autorizados para su uso en la elaboración de productos alimenticios, así como sus condiciones de utilización.

c) Real Decreto 145/1997, de 31 de enero, por el que se aprueba la lista positiva de aditivos distintos de colorantes y edulcorantes para su uso en la elaboración de productos alimenticios, así como sus condiciones de utilización.

Los auxiliares tecnológicos utilizados en la elaboración de comidas preparadas cumplirán su normativa vigente.

11. En tanto no se establezcan unas normas microbiológicas aplicables a todos los Estados miembros de la Unión Europea, las comidas preparadas cumplirán las normas microbiológicas referidas en el anexo, interpretadas según los criterios de valoración expresados en el apartado 5 del mismo.

12. Métodos de análisis. Se reconocerán como métodos de análisis para las normas microbiológicas reguladas en el anexo, los aprobados por los Organismos nacionales e internacionales de reconocido prestigio.

Artículo 7. *Condiciones del almacenamiento, conservación, transporte y venta.*

Sin perjuicio de las normas establecidas en el Real Decreto 2207/1995, en el Real Decreto 1109/1991 y en el Real Decreto 1254/1991, de 2 de agosto, por el que se dictan normas para la preparación y conservación de la mayonesa de elaboración propia y otros alimentos de consumo inmediato en los que figure el huevo como ingrediente, el almacenamiento, conservación, transporte y venta de comidas preparadas cumplirá los siguientes requisitos:

1. Las temperaturas de almacenamiento, conservación, transporte, venta y, en su caso, servicio de las comidas preparadas conservadas a temperatura regulada, serán las siguientes:

a) Comidas congeladas ≤ -18 °C.

b) Comidas refrigeradas con un período de duración inferior a 24 horas ≤ 8 °C.

c) Comidas refrigeradas con un período de duración superior a 24 horas ≤ 4 °C.

d) Comidas calientes ≥ 65 °C.

No obstante lo previsto en el párrafo anterior, los responsables de los establecimientos podrán fijar unas temperaturas distintas, siempre que estén basadas en evidencia científica o técnica y hayan sido verificadas por la autoridad competente.

2. Cuando sea necesario por razones prácticas, se permitirán períodos limitados no sometidos al control de temperatura durante la manipulación, elaboración, transporte y entrega al consumidor final de las comidas preparadas, siempre que sea compatible con la seguridad y salubridad de los alimentos y hayan sido verificadas por la autoridad competente.

3. Los productos de limpieza, desinfección, desinsectación, desratización o cualquier sustancia peligrosa, se almacenarán en lugar separado, donde no exista riesgo alguno de contaminación para los productos alimenticios y estarán debidamente identificados.

Dichos productos se mantendrán en sus recipientes originales. No obstante, si tuvieran que ser traspasados a otros envases más pequeños por necesidades de uso, nunca se utilizarán recipientes que pudieran dar equívocos respecto a su contenido, en particular, cualquier tipo de recipiente que haya contenido o pueda contener alimentos o bebidas.

4. Los envases y recipientes utilizados para comidas preparadas se almacenarán protegidos de la contaminación.

Artículo 8. *Envasado.*

1. Las comidas preparadas que no sean consumidas en el mismo establecimiento donde se elaboren, serán envasadas adecuadamente, con cierre hermético o no, dependiendo del procedimiento de conservación utilizado y del proceso de distribución.

2. Cuando las comidas preparadas sean envasadas en presencia del consumidor, se tomarán las medidas necesarias para evitar su deterioro y protegerlas de la contaminación.

3. Los envases que vayan a contener comidas preparadas se ajustarán a las disposiciones vigentes relativas a las condiciones generales de los materiales en contacto con los alimentos.

Artículo 9. *Etiquetado.*

El etiquetado de las comidas preparadas se ajustará a lo regulado en el Real Decreto 1334/1999, de 31 de julio, por el que se aprueba la norma general de etiquetado, presentación y publicidad de los productos alimenticios.

Artículo 10. *Controles.*

1. Los responsables de las empresas desarrollarán y aplicarán sistemas permanentes de autocontrol, teniendo en cuenta la naturaleza del alimento, los pasos y procesos posteriores a los que se va a someter el alimento y el tamaño del establecimiento.

2. Los procedimientos de autocontrol se desarrollarán y aplicarán siguiendo los principios en que se basa el sistema de análisis de peligros y puntos de control crítico:

a) Identificar cualquier peligro alimentario, de naturaleza tal que su prevención, eliminación o reducción a niveles aceptables sea esencial para la elaboración de alimentos seguros.

b) Identificar los puntos de control crítico, en el paso o pasos del procedimiento de elaboración, cuyos controles puedan aplicarse y sean esenciales para prevenir o eliminar el peligro alimentario o reducirlo a niveles aceptables.

c) Establecer límites críticos en los puntos de control crítico, que separen la aceptabilidad de la no aceptabilidad para la prevención, eliminación o reducción de los peligros identificados.

d) Establecer y aplicar procedimientos eficaces de control en los puntos de control crítico.

e) Establecer medidas correctoras cuando el control indique que un punto de control crítico no está bajo control.

f) Diseñar documentos y llevar registros que demuestren la aplicación efectiva de los procedimientos del sistema de autocontrol descritos en el presente apartado, adecuados a la naturaleza y tamaño del establecimiento.

g) Establecer procedimientos de verificación para comprobar que el sistema funciona eficazmente y, en su caso, se adapta o debe modificarse ante cualquier cambio en los procedimientos de elaboración del establecimiento.

3. Las autoridades competentes, en función del riesgo que presente el establecimiento, según el tipo de elaboración que realice, su sistema de autocontrol y el público al que van destinadas las comidas preparadas, podrán exigir a los responsables de los referidos establecimientos, que dispongan de comidas testigo, que representen las diferentes comidas preparadas servidas a los consumidores diariamente, y que posibiliten la realización de los estudios epidemiológicos que, en su caso, sean necesarios.

Estos platos testigo estarán claramente identificados y fechados, conservados adecuadamente (refrigeración o congelación) durante un mínimo de dos días y la cantidad corresponderá a una ración individual.

Artículo 11. *Guías de prácticas correctas de higiene (GPCH).*

1. Los responsables de las empresas podrán utilizar voluntariamente las GPCH previstas en el artículo 4 del Real Decreto 2207/1995, como un medio para garantizar que cumplen las normas sanitarias previstas en el presente Real Decreto y que aplican adecuadamente el sistema de autocontrol previsto en el artículo 10 de este Real Decreto.

2. El procedimiento de elaboración y evaluación de las GPCH será el siguiente:

a) Se llevará a cabo por los sectores correspondientes y los representantes de otras partes interesadas, entre otras, las autoridades competentes y las asociaciones de consumidores.

b) Las autoridades competentes, en el ámbito de sus respectivas competencias, evaluarán las GPCH, con objeto de determinar si las mismas son conformes con este Real Decreto y de unificar criterios de prácticas correctas de higiene a nivel nacional.

c) Las GPCH evaluadas favorablemente conforme a lo previsto en el párrafo b), serán remitidas a la Comisión de la Unión Europea.

3. Las autoridades competentes tomarán en consideración, en su caso, la aplicación de estas guías para comprobar que las empresas respetan lo dispuesto en el presente Real Decreto.

Artículo 12. *Formación continuada.*

En el marco de las exigencias contempladas por la legislación vigente en materia de manipuladores de alimentos, los responsables de los establecimientos definidos en este Real Decreto, garantizarán que los manipuladores dispongan de una formación adecuada en materia de higiene alimentaria, de acuerdo con la actividad laboral que desarrollen, conforme a lo previsto en el Real Decreto 202/2000, de 11 de febrero, por el que se regulan las normas relativas a los manipuladores de alimentos.

Artículo 13. *Productos procedentes de países terceros.*

1. Los productos contemplados en el presente Real Decreto importados de países terceros, cumplirán, en todo caso, condiciones equivalentes a las establecidas en la presente disposición.

2. Sólo podrán comercializarse las comidas preparadas que cumplan las siguientes condiciones:

a) Hayan sido introducidas por: un puesto de inspección fronterizo autorizado por Decisión de la Comisión Europea, o un recinto aduanero, distinto de los puestos de inspección fronterizos, y que figure en la Orden del Ministerio de Sanidad y Consumo de 20 de enero de 1994, por la que se fijan las modalidades de control sanitario a productos procedentes de comercio exterior, destinados a uso y consumo humano y los recintos aduaneros habilitados para su realización, cuando en tales productos no figuren ingredientes de origen animal.

b) Hayan sido controladas según se establece en el Real Decreto 1977/1999, de 23 de diciembre, por el que se establecen los principios relativos a la organización de los controles veterinarios sobre los productos procedentes de países terceros.

c) Vayan acompañadas de:

1.° La certificación sanitaria o de inspección veterinaria, para aquellos productos que lo exija la Unión Europea, o en su defecto.

2.° El certificado sanitario de origen expedido por las autoridades competentes, que indique su aptitud para consumo humano.

Artículo 14. *Régimen sancionador.*

Sin perjuicio de otra normativa que pudiera resultar de aplicación, las infracciones contra lo dispuesto en el presente Real Decreto constituirán infracción administrativa en materia de sanidad, de acuerdo con lo tipificado en el capítulo VI del Título I de la Ley 14/1986, de 25 de abril, General de Sanidad, y serán objeto de sanción administrativa, previa la instrucción del oportuno expediente administrativo.

Disposición derogatoria única. *Derogación normativa.*

A partir de la entrada en vigor del presente Real Decreto, quedan derogadas cuantas disposiciones de igual o inferior rango se opongan a lo establecido en el mismo, y en particular las siguientes:

a) Real Decreto 512/1977, de 8 de febrero, por el que se aprueba la Reglamentación técnico-sanitaria para la elaboración, circulación y comercio de platos preparados (precocinados y cocinados).

b) Real Decreto 3139/1982, de 12 de noviembre, por el que se modifican los artículos 10 y 11 de la Reglamentación anterior.

c) Orden de 21 de febrero de 1977 sobre normas higiénico-sanitarias para la instalación y funcionamiento de industrias dedicadas a la preparación y distribución de comidas para el consumo en colectividades y medios de transporte.

d) Real Decreto 2817/1983, de 13 de octubre, por el que se aprueba la Reglamentación técnico-sanitaria de los comedores colectivos.

e) Real Decreto 1333/1984, de 6 de junio, por el que se modifica el artículo 7.4 de la Reglamentación anterior, y

f) El capítulo VII y la sección 2.ª del capítulo XXVI de la segunda parte del Código Alimentario Español (CAE) aprobado por Decreto 2484/1967, de 21 de septiembre.

Disposición final primera. *Título competencial.*

El presente Real Decreto, a excepción del apartado 2 del artículo 4, se dicta al amparo de lo dispuesto en el artículo 149.1.16.ª de la Constitución y de acuerdo con lo establecido en el artículo 40.2 de la Ley 14/1986, de 25 de abril, General de Sanidad, salvo el segundo inciso del apartado 1 del artículo 1 y el artículo 13 que se dictan en virtud de la competencia exclusiva del Estado en materia de comercio exterior y sanidad exterior, al amparo de lo dispuesto en el artículo 149.1.10.ª y 16.ª de la Constitución y de acuerdo con el artículo 38 de la citada Ley 14/1986, de 25 de abril.

Disposición final segunda. *Facultades de desarrollo.*

Se faculta a los Ministros de Sanidad y Consumo, de Agricultura, Pesca y Alimentación, de Economía y de Ciencia y Tecnología para dictar, en el ámbito de sus competencias, las disposiciones necesarias para el desarrollo de lo establecido en el presente Real Decreto y, en su caso, para la actualización de los criterios de temperaturas fijados en los artículos 6 y 7, y de las normas microbiológicas establecidas en el anexo, cuando esta modificación sea necesaria para su adaptación a la normativa emanada de la Unión Europea.

Disposición final tercera. *Regulación de aspectos no previstos.*

Por lo que se refiere a otros aspectos relativos a la elaboración, distribución y comercio de comidas preparadas distintos a los previstos en el presente Real Decreto, serán de aplicación el Real Decreto 2207/1995, de 28 de diciembre, por el que se establecen las normas de higiene relativas a los productos alimenticios, y cuantas otras disposiciones específicas regulen esta materia.

Disposición final cuarta. *Entrada en vigor.*

El presente Real Decreto entrará en vigor a los seis meses de su publicación en el «Boletín Oficial del Estado».

Dado en Madrid a 29 de diciembre de 2000.

JUAN CARLOS R.

El Vicepresidente Primero del Gobierno
y Ministro de la Presidencia,
MARIANO RAJOY BREY

ANEXO

Normas microbiológicas de comidas preparadas

1. A efectos de este anexo, las comidas preparadas se clasifican en los siguientes grupos:

Grupo A: comidas preparadas sin tratamiento térmico y comidas preparadas con tratamiento térmico, que lleven ingredientes no sometidos a tratamiento térmico.

Grupo B: comidas preparadas con tratamiento térmico.

Grupo C: comidas preparadas sometidas a esterilización.

Grupo D: comidas preparadas envasadas, a base de vegetales crudos.

2. Las comidas preparadas de los grupos A y B cumplirán las siguientes normas microbiológicas:

	Grupo A (*)	Grupo B
Indicadores:		
Recuento total aerobios mesófilos.	$n = 5$, $m = 10^5$ $c = 2$, $M = 10^6$	$n = 5$, $m = 10^4$ $c = 2$, $M = 10^5$
Enterobacteriaceas (lactosa positiva).	$n = 5$, $m = 10^3$ $c = 2$, $M = 10^4$	$n = 5$, $m = 10$ $c = 2$, $M = 10^2$
Testigos de falta de higiene:		
Escherichia coli.	$n = 5$, $m = 10$ $c = 2$, $M = 10^2$	Ausencia/g
Staphylococcus aureus.	$n = 5$, $m = 10$ $c = 2$, $M = 10^2$	$n = 5$, $m = 10$ $c = 1$, $M = 10^2$
Patógenos:		
Salmonella.	$n = 5$, $c = 0$ Ausencia/25 g	$n = 5$, $c = 0$ Ausencia/25 g
Listeria monocytogenes.	$n = 5$, $m = 10$ $c = 2$, $M = 10^2$	$n = 5$, $c = 0$ Ausencia/25 g

n = número de unidades de la muestra.

m = valor umbral del número de bacterias. El resultado se considerará satisfactorio si todas las unidades que componen la muestra tienen un número de bacterias igual o menor que m.

M = valor límite del número de bacterias. El resultado se considerará no satisfactorio si una o varias unidades que componen la muestra tienen un número de bacterias igual o mayor que M.

c = número de unidades de la muestra, cuyo número de bacterias podrá situarse entre m y M. La muestra seguirá considerándose aceptable si las demás unidades tienen un número de bacterias menor o igual a m.

(*) No se investigará recuento total de aerobios mesófilos y enterobacteriaceas en las comidas preparadas que lleven como ingredientes productos fermentados o curados.

3. A efectos de control de los sistemas de esterilización de la industria, las muestras se someterán periódicamente a las pruebas de estabilidad y esterilidad correspondientes.

Las comidas preparadas esterilizadas (grupo C) habrán sufrido un tratamiento térmico que garanticen la destrucción de las formas vegetativas, los esporos de bacterias patógenas o toxigénicas y los microorganismos capaces de alterar el producto.

4. Las comidas preparadas envasadas a base de vegetales crudos (grupo D), cumplirán las siguientes normas microbiológicas:

	Día fabricación	Día caducidad
Indicadores:		
Recuento total aerobios mesófilos.	$n = 5$, $c = 2$ $m = 10^5$, $M = 10^6$	$n = 5$, $c = 2$ $m = 10^6$, $M = 10^7$

	Día fabricación	Día caducidad
Testigos de falta de higiene:		
Escherichia coli.	n = 5, c = 2 m = 10, M = 10^2	
Patógenos:		
Salmonella.	n = 5, c = 0 Ausencia/25 g	
Listeria monocytogenes.	n = 5, c = 2 m = 10, M = 10^2	

n = número de unidades de la muestra.

m = valor umbral del número de bacterias. El resultado se considerará satisfactorio si todas las unidades que componen la muestra tienen un número de bacterias igual o menor que m.

M = valor límite del número de bacterias. El resultado se considerará no satisfactorio si una o varias unidades que componen la muestra tienen un número de bacterias igual o mayor que M.

c = número de unidades de la muestra, cuyo número de bacterias podrá situarse entre m y M. La muestra seguirá considerándose aceptable si las demás unidades tienen un número de bacterias menor o igual a m.

5. Los criterios para la valoración de las normas microbiológicas del presente anexo serán los siguientes:

a) Los gérmenes indicadores deben ayudar a juzgar el buen funcionamiento del establecimiento y el procedimiento de autocontrol aplicado en la elaboración de las comidas preparadas.

b) Un contenido de gérmenes testigo de falta de higiene superior al establecido en la presente norma implicará la revisión de los métodos de vigilancia aplicados en los puntos de control crítico, de acuerdo con lo establecido en el artículo 10 del presente Real Decreto.

c) De superarse los límites establecidos para los gérmenes patógenos, los productos afectados serán retirados del mercado y excluidos del consumo humano.

Las comidas preparadas no contendrán ningún otro microorganismo patógeno ni sus toxinas, en una cantidad que afecte a la salud de los consumidores.

d) Los programas de muestreo se establecerán según la naturaleza de los productos y el análisis de peligros establecido en el artículo 10.

e) La toma de muestras se realizará en el producto listo para su comercialización, venta o suministro.

810 *REAL DECRETO 3486/2000, de 29 de diciembre, por el que se modifican los artículos 3 y 6 del Real Decreto 367/1997, de 14 de marzo, que determina la organización periférica de la Dirección General de la Guardia Civil.*

El artículo 3 del Real Decreto 367/1997, de 14 de marzo, por el que se determina la organización periférica de la Dirección General de la Guardia Civil, determina las Zonas cuyo mando será ejercido por el Oficial General o Coronel, en función del número de provincias que comprende cada Comunidad Autónoma.

Los criterios aplicados para la asignación de dichos mandos, obedecieron, además de a razones de extensión territorial de cada Comunidad Autónoma, a las disponibilidades de la plantilla de Oficiales Generales que pudieran ejercer el mando de Zona.

La experiencia adquirida desde la aprobación del citado Real Decreto, así como la posibilidad actual de mejorar el ejercicio del mando, aconsejan aumentar el número de Zonas mandadas por Oficiales Generales, dentro de las posibilidades que permite el aumento de plantilla aprobada, para esta categoría, por el Real Decreto 1253/1999, de 16 de julio, así como adjudicar el mando de Comandancia a los Coroneles, Jefes de Zona, en aquellas Comunidades Autónomas uniprovinciales en las que existe una sola Comandancia, evitando con ello la superposición de mandos en Unidades con una misma demarcación territorial.

Por ello, mediante el presente Real Decreto se asigna el mando de las Zonas de las Comunidades Autónomas de Extremadura y de Canarias a un Oficial General y, con excepción de la Zona de la Comunidad Autónoma del Principado de Asturias, se hace coincidir el mando de la Comandancia con el de la Zona, en las que sean mandadas por un Coronel.

Por otro lado, también se señala la dependencia de las Zonas de la Guardia Civil, definidas como Unidades de mando, coordinación e inspección de todos los Servicios de la Dirección General de la Guardia Civil existentes en el ámbito territorial de cada una de ellas. Así, las Zonas dependen directamente del Subdirector general de Operaciones, sin perjuicio de las relaciones funcionales con las Subdirecciones Generales de Personal y de Apoyo.

En su virtud, a propuesta de los Ministros de Defensa y del Interior, con la aprobación del Ministro de Administraciones Públicas y previa deliberación del Consejo de Ministros en su reunión del día 29 de diciembre de 2000,

D I S P O N G O:

Artículo único.

Se modifican los artículos 3 y 6 del Real Decreto 367/1997, de 14 de marzo, por el que se determina la organización periférica de la Dirección General de la Guardia Civil, que quedan redactados de la siguiente forma:

«Artículo 3. El mando de las Zonas 1.ª, 2.ª, 3.ª, 4.ª, 6.ª, 7.ª, 8.ª, 11.ª, 12.ª, 15.ª y 16.ª será ejercido por un Oficial General de la Guardia Civil, en servicio activo.

El mando de las Zonas 5.ª, 9.ª, 10.ª, 13.ª, 14.ª y 17.ª recaerá en un Coronel de la Guardia Civil, en servicio activo, quien, en aquellas que cuenten con una sola Comandancia, asumirá las funciones y competencias que se atribuyan al mando de ésta.»

«Artículo 6. Párrafo 1.º Las Zonas de la Guardia Civil, bajo la dependencia directa del Subdirector general de Operaciones y sin perjuicio de sus relaciones funcionales con las Subdirecciones Generales de Personal y de Apoyo, son las Unidades de mando, coordinación e inspección de todos los Servicios de la Dirección General de la Guardia Civil existentes en el ámbito territorial de cada una de ellas.»

anexo 2

REGLAMENTO (CE) 8521-2004 DEL PARLAMENTO EUROPEO

I

(Actos cuya publicación es una condición para su aplicabilidad)

REGLAMENTO (CE) Nº 852/2004 DEL PARLAMENTO EUROPEO Y DEL CONSEJO

de 29 de abril de 2004

relativo a la higiene de los productos alimenticios

EL PARLAMENTO EUROPEO Y EL CONSEJO DE LA UNIÓN EUROPEA,

Visto el Tratado constitutivo de la Comunidad Europea, y en particular su artículo 95 y la letra b) del apartado 4 del artículo 152,

Vista la propuesta de la Comisión [1],

Visto el dictamen del Comité Económico y Social Europeo [2],

Previa consulta al Comité de las Regiones,

De conformidad con el procedimiento establecido en el artículo 251 del Tratado [3],

---

1 DO C 365 E de 19.12.2000, p. 43.
2 DO C 155 de 29.5.2001, p. 39.
3 Dictamen del Parlamento Europeo de 15 de mayo de 2002 (DO C 180 E de 31.7.2003, p. 267), Posición Común del Consejo de 27 de octubre de 2003 (DO C 48 E de 24.2.2004, p. 1), Posición del Parlamento Europeo de 30 de marzo de 2004 (no publicada aún en el Diario Oficial) y Decisión del Consejo de 16 de abril de 2004.

Considerando lo siguiente:

(1) Uno de los objetivos fundamentales de la legislación alimentaria consiste en lograr un nivel elevado de protección de la vida y la salud de las personas, según establece el Reglamento (CE) n.º 178/2002 [1]. Dicho Reglamento establece asimismo otros principios y definiciones comunes para la legislación alimentaria comunitaria y nacional, incluyendo el objetivo de lograr la libre circulación de los alimentos en la Comunidad.

(2) La Directiva 93/43/CEE del Consejo, de 14 de junio de 1993, relativa a la higiene de los productos alimenticios [2] estableció las normas generales de higiene de los productos alimenticios y las modalidades para la verificación de la observancia de dichas normas.

(3) La experiencia ha demostrado que dichas normas y procedimientos constituyen una base sólida para garantizar la seguridad alimentaria. En el marco de la política agrícola común varias directivas han sido adaptadas a fin de establecer normas sanitarias específicas para la producción y puesta en el mercado de los productos incluidos en la lista del anexo I del Tratado. Dichas normas han reducido los obstáculos comerciales para los productos en cuestión, contribuyendo a la creación del mercado interior y garantizando al mismo tiempo un elevado nivel de protección de la salud pública.

(4) En relación con la salud pública, dichas normas y procedimientos contienen principios comunes, en particular por lo que respecta a las responsabilidades de los fabricantes y de las autoridades competentes, los requisitos estructurales, operativos e higiénicos para los establecimientos, los procedimientos para la autorización de establecimientos, los requisitos para el almacenamiento y el transporte y el marcado sanitario.

---

1 Reglamento (CE) n.º 178/2002 del Parlamento Europeo y del Consejo, de 28 de enero de 2002, por el que se establecen los principios y los requisitos generales de la legislación alimentaria, se crea la Autoridad Europea de Seguridad Alimentaria y se fijan procedimientos relativos a la seguridad alimentaria (DO L 31 de 1.2.2002, p. 1). Reglamento modificado por el Reglamento (CE) nº 1642/2003 (DO L 245 de 29.9.2003, p. 4).

2 DO L 175 de 19.7.1993, p. 1. Directiva modificada por el Reglamento (CE) nº 1882/2003 del Parlamento Europeo y del Consejo (DO L 284 de 31.10.2003, p.1).

(5) Estos principios constituyen la base común para la producción según normas higiénicas de todos los alimentos, incluidos los productos de origen animal enumerados en el anexo I del Tratado.

(6) Además de la citada base común, también son necesarias normas específicas de higiene para determinados productos alimenticios. El Reglamento (CE) nº .../2004 del Parlamento Europeo y del Consejo, de ..., por el que se establecen normas específicas de higiene de los alimentos de origen animal [1] establece dichas normas.

(7) El objetivo principal de las nuevas normas de higiene generales y específicas es garantizar un elevado nivel de protección de los consumidores en relación con la seguridad alimentaria.

(8) Es necesario un planteamiento integrado para garantizar la seguridad alimentaria desde el lugar de producción primaria hasta su puesta en el mercado o exportación. Cada uno de los operadores de empresa alimentaria a lo largo de la cadena alimentaria debe garantizar que no se comprometa la seguridad alimentaria.

(9) Las normas comunitarias no deben aplicarse ni a la producción primaria para uso doméstico privado ni a la preparación, manipulación o almacenamiento domésticos de alimentos para su consumo doméstico privado. Además, los requisitos comunitarios se deben aplicar únicamente a empresas, lo que implica una cierta continuidad de las actividades y un cierto grado de organización.

---

1 Véase página ... del presente Diario Oficial.

(10) Los peligros alimentarios presentes en la producción primaria deben detectarse y controlarse adecuadamente para garantizar el logro de los objetivos del presente Reglamento. No obstante, en el caso del suministro directo de pequeñas cantidades de productos primarios por parte del operador de empresa alimentaria que los produzca a los consumidores finales o a establecimientos locales de venta al por menor, conviene que la protección de la salud pública se regule mediante la legislación nacional, en particular por la estrecha relación entre el productor y el consumidor.

(11) En la actualidad no es viable todavía aplicar de forma general los principios de análisis de peligros y puntos de control crítico (APPCC) a la producción primaria. No obstante, las guías de prácticas correctas deben fomentar el uso de prácticas higiénicas apropiadas en las explotaciones. En caso necesario, dichas guías deben completarse con normas específicas de higiene para la producción primaria. Es conveniente que los requisitos en materia de higiene aplicables a la producción primaria y a operaciones relacionadas sean distintos de aquellos aplicables a otras operaciones.

(12) La seguridad alimentaria es el resultado de diversos factores: deben establecerse normas mínimas en materia de higiene mediante actos legislativos, deben implantarse controles oficiales para comprobar el cumplimiento de las normas por parte de los operadores de empresa alimentaria, y los operadores de empresa alimentaria deben establecer y poner en marcha programas y procedimientos de seguridad alimentaria basados en los principios de APPCC.

(13) El éxito de la aplicación de procedimientos basados en los principios de APPCC requerirá el compromiso y la cooperación plena de los empleados del sector alimentario. A tal fin, los empleados deben recibir formación. El sistema de APPCC es un instrumento para ayudar a los operadores de empresa alimentaria a lograr un nivel más elevado de seguridad alimentaria. El sistema de APPCC no debe considerarse un método de autorregulación ni debe sustituir los controles oficiales.

(14) Aunque en un primer momento el requisito de establecer procedimientos basados en los principios del APPCC no se debe aplicar a la producción primaria, la viabilidad de la extensión de este sistema a la misma será uno de los elementos de la revisión que la Comisión llevará a cabo tras la puesta en aplicación del presente Reglamento. No obstante, conviene que los Estados miembros alienten a los operadores en el nivel de producción primaria a aplicar dichos principios en la medida de lo posible.

(15) Los requisitos relativos al APPCC deben tener en cuenta los principios incluidos en el Codex Alimentarius. Deben ser suficientemente flexibles para poder aplicarse en todas las situaciones, incluido en las pequeñas empresas. En particular, es necesario reconocer que en determinadas empresas alimentarias no es posible identificar puntos de control crítico y que, en algunos casos, las prácticas higiénicas correctas pueden reemplazar el seguimiento de puntos críticos. De modo similar, el requisito de establecer "límites críticos" no implica que sea necesario fijar una cifra límite en cada caso. Además, el requisito de conservar documentos debe ser flexible para evitar cargas excesivas para empresas muy pequeñas.

(16) La flexibilidad también es conveniente para poder seguir utilizando métodos tradicionales en cualquiera de las fases de producción, transformación o distribución de alimentos y en relación con los requisitos estructurales de los establecimientos. La flexibilidad es particularmente importante para las regiones con limitaciones geográficas especiales, incluidas las regiones ultraperiféricas a las que se refiere el apartado 2 del artículo 299 del Tratado. No obstante, la flexibilidad no debe poner en peligro los objetivos de higiene de los alimentos. Por otra parte, dado que todos los alimentos fabricados con arreglo a las normas de higiene circularán libremente en toda la Comunidad, el procedimiento por el que los Estados miembros puedan aplicar la flexibilidad debe ser completamente transparente. Debe preverse que, en caso necesario, para resolver discrepancias se mantendrá un debate en el seno del Comité Permanente de la Cadena Alimentaria y de Sanidad Animal, creado mediante el Reglamento (CE) n.º 178/2002.

(17) El establecimiento de objetivos sobre reducción de patógenos o procedimientos de actuación puede servir de guía para la aplicación de las normas de higiene. Por lo tanto, es necesario prever procedimientos para tal fin. Dichos objetivos complementarían la legislación alimentaria existente, como el Reglamento (CEE) n.º 315/93 del Consejo, de 8 de febrero de 1993, por el que se establecen procedimientos comunitarios en relación con los contaminantes presentes en los productos alimenticios [1], que prevé el establecimiento de límites máximos de tolerancia para determinados contaminantes, y el Reglamento (CE) n.º 178/2002, que prohibe la puesta en el mercado de alimentos que no sean seguros y establece una base uniforme para el recurso al principio de cautela.

(18) Con el fin de tomar en consideración los avances técnicos y científicos, debe garantizarse una estrecha y eficaz cooperación entre la Comisión y los Estados miembros en el seno del Comité Permanente de la Cadena Alimentaria y de Sanidad Animal. El presente Reglamento tiene en cuenta las obligaciones internacionales establecidas en el Acuerdo sobre Medidas Sanitarias y Fitosanitarias de la OMC y las normas internacionales de seguridad alimentaria contempladas en el Codex Alimentarius.

(19) Es necesario el registro de establecimientos y la cooperación de los operadores de empresa alimentaria para que las autoridades competentes puedan llevar a cabo de manera eficaz los controles oficiales.

(20) La trazabilidad de los alimentos y los ingredientes alimentarios a lo largo de la cadena alimentaria es un factor esencial para garantizar la seguridad alimentaria. El Reglamento (CE) n.º 178/2002 contiene disposiciones para garantizar la trazabilidad de los alimentos y los ingredientes alimentarios y establece un procedimiento para la adopción de las normas de desarrollo en relación con sectores específicos.

---

1 DO L 37 de 13.2.1993, p. 1. Reglamento modificado por el Reglamento (CE) nº 1882/2003.

(21) Los alimentos importados en la Comunidad deben cumplir los requisitos generales contemplados en el Reglamento (CE) n.º 178/2002 o requisitos equivalentes a los comunitarios. El presente Reglamento establece determinados requisitos específicos en materia de higiene para los alimentos importados en la Comunidad.

(22) Los alimentos exportados de la Comunidad a terceros países deben cumplir los requisitos generales que establece el Reglamento (CE) n.º 178/2002. El presente Reglamento establece los requisitos específicos en materia de higiene para los alimentos exportados por la Comunidad.

(23) La normativa comunitaria en materia de higiene alimentaria debe sustentarse en consideraciones científicas. A tal fin, debe consultarse a la Autoridad Europea de Seguridad Alimentaria cuando sea necesario.

(24) Puesto que el presente Reglamento sustituye la Directiva 93/43/CEE, procede derogarla.

(25) Los requisitos del presente Reglamento no se deben aplicar hasta que hayan entrado en vigor todas las partes de la nueva legislación relativa a la higiene de los alimentos. También es conveniente dejar que transcurran por lo menos dieciocho meses entre la entrada en vigor y la aplicación de las nuevas normas, con el fin de que las industrias interesadas puedan adaptarse.

(26) Las medidas necesarias para la ejecución del presente Reglamento deben aprobarse con arreglo a la Decisión 1999/468/CE del Consejo, de 28 de junio de 1999, por la que se establecen los procedimientos para el ejercicio de las competencias de ejecución atribuidas a la Comisión [1].

HAN ADOPTADO EL PRESENTE REGLAMENTO:

---

[1] DO L 184 de 17.7.1999, p. 23.

CAPÍTULO I

DISPOSICIONES GENERALES

Artículo 1

Ámbito de aplicación

1. El presente Reglamento establece normas generales destinadas a los operadores de empresa alimentaria en materia de higiene de los productos alimenticios, teniendo particularmente en cuenta los principios siguientes:

a) el operador de empresa alimentaria es el principal responsable de la seguridad alimentaria;

b) la necesidad de garantizar la seguridad alimentaria a lo largo de la cadena alimentaria, empezando en la producción primaria;

c) la importancia de que los alimentos que no pueden almacenarse con seguridad a temperatura ambiente, en particular los alimentos congelados, mantengan la cadena de frío;

d) la aplicación general de procedimientos basados en los principios de análisis de peligros y puntos de control crítico (APPCC) que, junto con la aplicación de prácticas higiénicas correctas, debería reforzar la responsabilidad de los operadores de empresa alimentaria;

e) las guías de prácticas correctas son un instrumento valioso para ayudar a los operadores de empresa alimentaria en todos los niveles de la cadena alimentaria a cumplir las normas sobre higiene de los alimentos y a aplicar los principios de APPCC;

f) la necesidad de establecer criterios microbiológicos y requisitos relativos a la temperatura basados en una evaluación científica de los riesgos;

g) la necesidad de garantizar que los alimentos importados tienen, como mínimo, el mismo nivel higiénico que los alimentos producidos en la Comunidad o que tienen un nivel equivalente.

El presente Reglamento se aplicará a todas las etapas de la producción, la transformación y la distribución de alimentos y a las exportaciones, sin perjuicio de otros requisitos más específicos en materia de higiene alimentaria.

2. El presente Reglamento no se aplicará a:

a) la producción primaria para uso doméstico privado;

b) a la preparación, manipulación o almacenamiento domésticos de productos alimenticios para consumo doméstico privado;

c) el suministro directo por parte del productor de pequeñas cantidades de productos primarios al consumidor final o a establecimientos locales de venta al por menor para el abastecimiento del consumidor final.

d) los centros de recogida y tenerías que entran dentro de la definición de empresa del sector alimentario únicamente porque manipulan materias primas para la producción de gelatina o colágeno.

3. Los Estados miembros establecerán, con arreglo a su derecho nacional, normas que regulen las actividades a que hace referencia la letra c) del apartado 2. Estas normas nacionales deberán garantizar la realización de los objetivos del presente Reglamento.

Artículo 2

Definiciones

1. A efectos del presente Reglamento se entenderá por:

a) *higiene alimentaria*: denominada en lo sucesivo *higiene*: las medidas y condiciones necesarias para controlar los peligros y garantizar la aptitud para el consumo humano de un producto alimenticio teniendo en cuenta la utilización prevista para dicho producto ;

b) *productos primarios*: los productos de producción primaria, incluidos los de la tierra, la ganadería, la caza y la pesca;

c) *establecimiento*: cualquier unidad de una empresa del sector alimentario;

d) *autoridad competente*: la autoridad central de un Estado miembro facultada para garantizar el cumplimiento de los requisitos del presente Reglamento o cualquier otra autoridad en la que la autoridad central haya delegado dicha competencia; en su caso igualmente la autoridad correspondiente de un país tercero;

e) *equivalente*: respecto a sistemas diferentes, capaz de alcanzar los mismos objetivos;

f) *contaminación*: la introducción o presencia de un peligro;

g) *agua potable*: el agua que cumple los requisitos mínimos establecidos en la Directiva 98/83/CE del Consejo de 3 de noviembre de 1998 relativa a la calidad de las aguas destinadas al consumo humano [1];

h) *agua de mar limpia*: el agua de mar natural, artificial o purificada o el agua salobre que no contenga microorganismos, sustancias nocivas o plancton marino tóxico en cantidades que puedan afectar directa o indirectamente a la calidad sanitaria de los productos alimenticios;

i) *agua limpia*: el agua de mar limpia o el agua dulce de calidad higiénica similar;

j) *envasado* y *envase*: la introducción de un producto alimenticio en un envase o recipiente en contacto directo con el mismo, así como el propio envase o recipiente;

k) *embalaje*: la colocación de uno o más productos alimenticios envasados en un segundo recipiente, así como el propio recipiente;

l) *recipiente herméticamente cerrado*: el recipiente diseñado para que sea seguro ante la presencia de peligros.

---

[1] DO L 330 de 5.12.1998, p. 32. Directiva modificada por el Reglamento (CE) nº 1882/2003.

m) *transformación*: cualquier acción que altere sustancialmente el producto inicial, incluido el tratamiento térmico, el ahumado, el curado, la maduración, el secado, el marinado, la extracción, la extrusión o una combinación de esos procedimientos;

n) *productos sin transformar*: los productos alimenticios que no hayan sido sometidos a una transformación, incluyendo los productos que se hayan dividido, partido, seccionado, rebanado, deshuesado, picado, pelado o desollado, triturado, cortado, limpiado, desgrasado, descascarillado, molido, refrigerado, congelado, ultracongelado o descongelado;

o) *productos transformados*: los productos alimenticios obtenidos de la transformación de productos sin transformar. Estos productos pueden contener ingredientes que sean necesarios para su elaboración o para conferirles unas características específicas;

2. Las definiciones establecidas en el Reglamento (CE) n.º 178/2002 serán igualmente de aplicación.

3. En los anexos, las expresiones "cuando sea necesario", "en su caso", "adecuado" y "suficiente" se entenderán respectivamente como cuando sea necesario, en su caso, adecuado y suficiente para alcanzar los objetivos del presente Reglamento.

CAPÍTULO II

OBLIGACIONES DE LOS OPERADORES DE EMPRESA ALIMENTARIA

Artículo 3

Obligaciones generales

Los operadores de empresa alimentaria se cerciorarán de que en todas las etapas de la producción, la transformación y la distribución de alimentos bajo su control se cumplen los requisitos de higiene pertinentes contemplados en el presente Reglamento.

Artículo 4

Requisitos generales y específicos en materia de higiene

1. Los operadores de empresa alimentaria que desempeñen su actividad en la producción primaria y en las operaciones conexas enumeradas en el anexo I cumplirán las normas generales en materia de higiene que figuran en la parte A del anexo I y los requisitos específicos fijados en el Reglamento (CE) nº .../2004 *.

2. Los operadores de empresa alimentaria que desempeñen su actividad en cualquiera de las fases de producción, transformación y distribución de alimentos posteriores a aquellas a las que es de aplicación el apartado 1 cumplirán las normas generales de higiene que figuran en el anexo II y los requisitos específicos fijados en el Reglamento (CE) nº /2004 *.

* Nota al Diario Oficial: insértese número del Reglamento por el que se establecen normas específicas de higiene de los alimentos de origen animal.

3. Los operadores de empresa alimentaria adoptarán, en la medida en que proceda, las siguientes medidas de higiene específicas:

a) cumplimiento de los criterios microbiológicos para los productos alimenticios;

b) procedimientos necesarios para alcanzar los objetivos fijados de cara a lograr las metas del presente Reglamento;

c) cumplimiento de los requisitos relativos al control de la temperatura de los productos alimenticios;

d) mantenimiento de la cadena del frío;

e) muestreo y análisis.

4. Los criterios, los requisitos y los objetivos mencionados en el apartado 3 se adoptarán con arreglo al procedimiento contemplado en el apartado 2 del artículo 14.

Los métodos de toma de muestras y análisis conexos se establecerán con arreglo a dicho procedimiento.

5. En caso de que el presente Reglamento, así como el Reglamento (CE) nº .../2004 * y sus medidas de ejecución, no especifiquen los métodos de muestreo o de análisis, los operadores de empresa alimentaria podrán utilizar métodos adecuados establecidos en otras legislaciones comunitarias o nacionales o, a falta de éstos, métodos que ofrezcan resultados equivalentes a los obtenidos utilizando el método de referencia, siempre y cuando estén validados científicamente con arreglo a normas o protocolos reconocidos internacionalmente.

6. Los operadores de empresa alimentaria podrán utilizar las guías que citan los artículos 7, 8 y 9 como ayuda en el cumplimiento de sus obligaciones con arreglo al presente Reglamento.

Artículo 5

Sistema de análisis de peligros y puntos de control crítico

1. Los operadores de empresa alimentaria deberán crear, aplicar y mantener un procedimiento o procedimientos permanentes basados en los principios del APPCC.

2. Los principios APPCC son los siguientes:

a) detectar cualquier peligro que deba evitarse, eliminarse o reducirse a niveles aceptables;

b) detectar los puntos de control crítico en la fase o fases en las que el control sea esencial para evitar o eliminar un peligro o reducirlo a niveles aceptables;

---

* Nota al Diario Oficial: insértese número del Reglamento por el que se establecen normas específicas de higiene de los alimentos de origen animal.

c) establecer, en los puntos de control crítico, límites críticos que diferencien la aceptabilidad de la inaceptabilidad para la prevención, eliminación o reducción de los peligros detectados;

d) establecer y aplicar procedimientos de vigilancia efectivos en los puntos de control crítico;

e) establecer medidas correctivas cuando la vigilancia indique que un punto de control crítico no está controlado;

f) establecer procedimientos, que se aplicarán regularmente, para verificar que las medidas contempladas en las letras a) a e) son eficaces; y

g) elaborar documentos y registros en función de la naturaleza y el tamaño de la empresa alimentaria para demostrar la aplicación efectiva de las medidas contempladas en las letras a) a f).

Cuando se introduzca alguna modificación en el producto, el proceso o en cualquiera de sus fases, los operadores de empresa alimentaria revisarán el procedimiento y introducirán en él los cambios necesarios.

3. El apartado 1 se aplicará únicamente a los operadores de empresa alimentaria que intervengan en cualquier etapa de la producción, transformación y distribución de alimentos posteriores a la producción primaria y a las operaciones asociadas enumeradas en el anexo I.

4. Los operadores de empresa alimentaria:

a) aportarán a la autoridad competente, en la manera en que ésta lo solicite, pruebas de que cumplen el requisito contemplado en el apartado 1, teniendo en cuenta la naturaleza y el tamaño de la empresa alimentaria;

b) garantizarán que los documentos que describan sus procedimientos desarrollados de acuerdo con el presente artículo estén actualizados permanentemente;

c) conservarán los demás documentos y registros durante un período adecuado.

5. Las normas de desarrollo para la aplicación del presente artículo podrán aprobarse de conformidad con el procedimiento previsto en el apartado 2 del artículo 14. Tales normas podrán facilitar a determinados operadores de empresa alimentaria la aplicación del presente artículo, en particular estableciendo el uso de los procedimientos que fijen las guías para la aplicación de los principios del APPCC con el fin de cumplir con lo dispuesto en el apartado 1. Las normas podrán también especificar el período durante el cual los operadores de empresa alimentaria deberán conservar los documentos y registros de conformidad con la letra c) del apartado 4.

Artículo 6

Controles oficiales, registro y autorización

1. Los operadores de empresa alimentaria colaborarán con las autoridades competentes de conformidad con otras disposiciones aplicables de la legislación comunitaria o, si éstas no existieran, del derecho nacional.

2. En particular, los operadores de empresa alimentaria notificarán a la autoridad competente apropiada todos los establecimientos que estén bajo su control en los que se realice cualquiera de las operaciones de producción, transformación y distribución de alimentos de la forma requerida por la autoridad competente, con el fin de proceder a su registro.

Los operadores de empresa alimentaria velarán asimismo por que la autoridad competente disponga continuamente de información actualizada sobre los establecimientos, notificándole cualquier cambio significativo en las actividades que se lleven a cabo y todo cierre de establecimientos existentes.

3. No obstante, los operadores de empresa alimentaria velarán por que los establecimientos hayan sido autorizados por la autoridad competente, tras haber efectuado al menos una visita in situ, cuando sea necesaria una autorización con arreglo a:

a) la legislación nacional del Estado miembro en el que esté situado el establecimiento;

b) el Reglamento (CE) nº .../2004 *; o bien

c) una decisión adoptada de conformidad con el procedimiento previsto en el apartado 2 del artículo 14.

Los Estados miembros que exijan con arreglo a la legislación nacional la autorización de determinados establecimientos situados en su territorio, de conformidad con lo dispuesto en la letra a), informarán a la Comisión y a los demás Estados miembros de las normas nacionales correspondientes.

---

* Nota al Diario Oficial: insértese número del Reglamento por el que se establecen normas específicas de higiene de los alimentos de origen animal.

CAPÍTULO III

GUÍAS DE PRÁCTICAS CORRECTAS

Artículo 7

Elaboración, difusión y uso de guías

Los Estados miembros fomentarán la elaboración de guías nacionales de prácticas correctas de higiene y para la aplicación de los principios del sistema APPCC de conformidad con el artículo 8. Se elaborarán guías comunitarias con arreglo al artículo 9.

Se alentará la difusión y el uso de guías tanto nacionales como comunitarias. No obstante, los operadores de empresa alimentaria podrán utilizar estas guías con carácter voluntario.

Artículo 8

Guías nacionales

1. Cuando se elaboren las guías nacionales de prácticas correctas serán elaboradas y difundidas por la industria alimentaria:

a) en consulta con los representantes de otras partes cuyos intereses puedan verse afectados de manera sustancial, como por ejemplo las autoridades competentes y las asociaciones de consumidores;

b) teniendo en cuenta los códigos de prácticas pertinentes del Codex Alimentarius; y

c) teniendo en cuenta las recomendaciones que figuran en la parte B del anexo I, cuando se refieran a la producción primaria y a las operaciones conexas enumeradas en el anexo I.

2. Las guías nacionales podrán elaborarse bajo los auspicios de un organismo nacional de normalización de los mencionados en el anexo II de la Directiva 98/34/CE [1].

3. Los Estados miembros estudiarán las guías nacionales para garantizar que:

a) han sido elaboradas de conformidad con el apartado 1;

b) la aplicación de su contenido sea viable para los sectores a los que se refieren; y

c) sean idóneas para cumplir las disposiciones de los artículos 3, 4 y 5 en los sectores o para los productos alimenticios de que se trate.

4. Los Estados miembros remitirán a la Comisión las guías nacionales que cumplan los requisitos del apartado 3. La Comisión creará y mantendrá un sistema de registro de dichas guías y lo pondrá a la disposición de los Estados miembros.

5. Las guías de prácticas correctas elaboradas de conformidad con lo dispuesto en la Directiva 93/43/CE seguirán siendo aplicables tras la entrada en vigor del presente Reglamento siempre y cuando sean compatibles con los objetivos de éste último.

---

1 Directiva 98/34/CE del Parlamento Europeo y del Consejo, de 22 de junio de 1998, por la que se establece un procedimiento de información en materia de las normas y reglamentaciones técnicas (DO L 204 de 21.7.1998, p. 37). Directiva modificada por la Directiva 98/48/CE (DO L 217 de 5.8.1998, p. 18).

Artículo 9

Guías comunitarias

1. Antes de elaborar guías comunitarias de prácticas correctas de higiene o para la aplicación de los principios del sistema de APPCC, la Comisión consultará al Comité a que se refiere el artículo 14. El objetivo de esta consulta será estudiar la conveniencia de elaborar dichas guías, así como su alcance y su contenido.

2. En caso de que se confeccionen las guías comunitarias, la Comisión velará por que sean elaboradas y difundidas:

a) por, o en consulta con, representantes de los distintos sectores empresariales europeos de la industria alimentaria, incluidas las PYME, y demás partes interesadas, como las asociaciones de consumidores;

b) en colaboración con las partes interesadas que puedan verse afectadas de manera sustancial, incluidas las autoridades competentes;

c) teniendo en cuenta los códigos de prácticas del Codex Alimentarius; y

d) teniendo en cuenta las recomendaciones que figuran en la parte B del anexo I, cuando se refieran a la producción primaria y a las operaciones conexas enumeradas en el anexo I.

b) la aplicación de su contenido es viable en toda la Comunidad para los sec
refieren; y

c) sean idóneas para cumplir las disposiciones de los artículos 3, 4 y 5 en los
productos alimenticios de que se trate.

4. La Comisión invitará al Comité contemplado en el artículo 14 a que revis
guías comunitarias preparadas de conformidad con el presente artículo, en coop
instancias mencionadas en el apartado 2.

El propósito de dicha revisión consistirá en garantizar que las guías sigan siend
en cuenta los avances científicos y tecnológicos.

5. Los títulos y referencias a las guías comunitarias preparadas de acuerdo c
artículo se publicarán en la serie C del Diario Oficial de la Unión Europea.

CAPÍTULO IV

IMPORTACIONES Y EXPORTACIONES

Artículo 10

Importaciones

Por lo que respecta a la higiene de los alimentos importados, los requisitos pertinentes de la legislación alimentaria mencionados en el artículo 11 del Reglamento (CE) n.º 178/2002 incluirán los requisitos establecidos en los artículos 3 a 6 del presente Reglamento.

Artículo 11

Exportaciones

Por lo que respecta a la higiene de los alimentos exportados o reexportados, los requisitos pertinentes de la legislación alimentaria contemplados en el artículo 12 del Reglamento (CE) n.º 178/2002 incluirán los requisitos establecidos en los artículos 3 a 6 del presente Reglamento.

CAPÍTULO V

DISPOSICIONES FINALES

Artículo 12

Medidas de ejecución y disposiciones transitorias

Se podrán establecer medidas de ejecución y disposiciones transitorias con arreglo al procedimiento previsto en el apartado 2 del artículo 14.

Artículo 13

Modificación y adaptación de los anexos I y II

1. Las disposiciones de los anexos I y II podrán adaptarse o actualizarse con arreglo al procedimiento previsto en el apartado 2 del artículo 14 teniendo en cuenta:

a) la necesidad de revisar las recomendaciones formuladas en el punto 2 de la parte B del anexo I;

b) la experiencia adquirida mediante la aplicación de sistemas basados en el APPCC con arreglo al artículo 5;

c) los avances tecnológicos y sus consecuencias prácticas, y las expectativas del consumidor respecto a la composición de los alimentos;

d) el asesoramiento científico, y en particular nuevas evaluaciones de riesgos;

e) los criterios microbiológicos y de temperatura para los productos alimenticios.

2. Podrán concederse excepciones, en particular para facilitar la aplicación del artículo 5 en las pequeñas empresas, respecto de lo dispuesto en los anexos I y II de acuerdo con el procedimiento contemplado en el apartado 2 del artículo 14 y teniendo en cuenta los factores de riesgo pertinentes, siempre que dichas excepciones no afecten a la realización de los objetivos del presente Reglamento.

3. Los Estados miembros podrán adoptar medidas nacionales de adaptación de los requisitos establecidos en el anexo II con arreglo a los apartados 4 a 7 siempre que no quede comprometida la realización de los objetivos del presente Reglamento.

4. a) Las medidas nacionales contempladas en el apartado 3 tendrán por objeto:

i) permitir seguir utilizando métodos tradicionales en cualquiera de las fases de producción, transformación o distribución de alimentos; o bien

ii) responder a las necesidades de las empresas del sector alimentario en regiones con limitaciones geográficas especiales;

b) En cualesquiera otras circunstancias, únicamente se aplicarán a la construcción, diseño y equipamiento de los establecimientos.

5. Los Estados miembros que deseen adoptar las medidas nacionales contempladas en el apartado 3 lo notificarán a la Comisión y a los demás Estados miembros. La notificación:

a) incluirá una descripción detallada de los requisitos que el Estado miembro considera que deben ser adaptados y de la naturaleza de la adaptación que se pretende;

b) describirá los productos alimenticios y los establecimientos a que se refiera;

c) explicará los motivos de la adaptación, incluso, cuando proceda, facilitando un resumen del análisis de peligros efectuado e indicando las medidas previstas para asegurar que la adaptación no comprometa los objetivos del presente Reglamento; y

d) proporcionará cualquier otra información pertinente.

6. Los demás Estados miembros dispondrán de tres meses a partir de la recepción de la notificación prevista en el apartado 5 para enviar comentarios escritos a la Comisión. Para las adaptaciones resultantes de lo dispuesto en la letra b) del apartado 4 el plazo se ampliará a cuatro meses a petición de cualquier Estado miembro. La Comisión podrá consultar a los Estados miembros en el seno del comité previsto en el apartado 1 del artículo 14 y estará obligada a hacerlo si recibe comentarios escritos de uno o varios Estados miembros. La Comisión, de conformidad con el procedimiento mencionado en el apartado 2 del artículo 14, podrá decidir si las medidas previstas pueden ser aplicadas, condicionándolas, en caso necesario, a las modificaciones oportunas. Cuando sea conveniente, la Comisión podrá proponer medidas de aplicación general con arreglo a los apartados 1 ó 2 del presente artículo.

7. Los Estados miembros podrán adoptar medidas nacionales de adaptación de los requisitos del anexo II sólo:

a) conforme a una decisión adoptada con arreglo al apartado 6; o bien

b) si un mes después de la expiración del plazo previsto en el apartado 6 la Comisión no hubiera informado a los Estados miembros de que ha recibido comentarios escritos o de su intención de proponer la adopción de una decisión de conformidad con el apartado 6.

Artículo 14

Procedimiento de comité

1. La Comisión estará asistida por el Comité Permanente de la Cadena Alimentaria y de Sanidad Animal.

2. En los casos en que se haga referencia al presente apartado, serán de aplicación los artículos 5 y 7 de la Decisión 1999/468/CE, observando lo dispuesto en su artículo 8.

El plazo contemplado en el apartado 6 del artículo 5 de la Decisión 1999/468/CE queda fijado en tres meses.

3. El Comité aprobará su reglamento interno.

Artículo 15

Consulta a la Autoridad Europea de Seguridad Alimentaria

La Comisión consultará a la Autoridad Europea de Seguridad Alimentaria sobre cualquier cuestión incluida en el ámbito de aplicación del presente Reglamento que pueda tener repercusiones sanitarias importantes y, en particular, antes de proponer criterios, requisitos u objetivos de conformidad con el apartado 4 del artículo 4.

Artículo 16

Informe al Parlamento y al Consejo

1. La Comisión presentará al Parlamento Europeo y al Consejo un informe a más tardar ... *.

2. Dicho informe examinará en particular a la experiencia obtenida de la aplicación del presente Reglamento y considerará la conveniencia y la viabilidad de adoptar disposiciones para extender los requisitos del artículo 5 a los operadores de empresa alimentaria que desempeñan su actividad en la producción primaria y en las operaciones conexas que se enumeran en el anexo I.

3. En caso necesario, la Comisión adjuntará al informe las propuestas oportunas.

---

* Cinco años después de la entrada en vigor del presente Reglamento.

Artículo 17

Derogación

1. La Directiva 93/43/CEE quedará derogada con efecto a partir de la fecha de aplicación del presente Reglamento.

2. Las referencias a la Directiva derogada se entenderán hechas al presente Reglamento.

3. No obstante, las decisiones adoptadas con arreglo al apartado 3 del artículo 3 y al artículo 10 de la Directiva 93/43/CEE permanecerán en vigor hasta su sustitución por decisiones adoptadas de conformidad con el presente Reglamento o el Reglamento (CE) n.º 178/2002. Hasta tanto se determinen los criterios o requisitos mencionados en las letras a) a e) del apartado 3 del artículo 4 del presente Reglamento, los Estados miembros podrán mantener cualesquiera normas nacionales relativas a dichos criterios o requisitos que hayan sido adoptadas de conformidad con la Directiva 93/43/CEE.

4. Hasta tanto se aplique la nueva legislación comunitaria sobre las normas relativas a los controles oficiales de los alimentos, los Estados miembros adoptarán todas las medidas adecuadas para garantizar el cumplimiento de las obligaciones establecidas en el presente Reglamento o con arreglo al mismo.

Artículo 18

Entrada en vigor

El presente Reglamento entrará en vigor a los veinte días de su publicación en el Diario Oficial de la Unión Europea.

Será aplicable dieciocho meses después de la fecha en que entren en vigor todos los actos siguientes:

a) el Reglamento (CE) nº .../2004 [*];

b) el Reglamento (CE) nº .../2004 del Parlamento Europeo y del Consejo, de ..., por el que se establecen normas específicas para la organización de controles oficiales de los productos de origen animal destinados al consumo humano [1]; y

c) la Directiva 2004/41/CE del Parlamento Europeo y del Consejo, de..., por la que se derogan determinadas directivas que establecen las condiciones de higiene de los productos alimenticios y las condiciones sanitarias para la producción y comercialización de determinados productos de origen animal destinados al consumo humano [2].

No obstante, no será aplicable antes del 1 de enero de 2006.

El presente Reglamento será obligatorio en todos sus elementos y directamente aplicable en cada Estado miembro.

Hecho en Estrasburgo, el 29 de abril de 2004.

Por el Parlamento Europeo	Por el Consejo
El Presidente	El Presidente
P. COX	M. McDOWELL

---

* Nota para el Diario Oficial: insértese el número del Reglamento por el que se establecen normas específicas de higiene de los alimentos de origen animal.

1 Véase página... del presente Diario Oficial.

2 Véase página... del presente Diario Oficial.

ANEXO I

PRODUCCIÓN PRIMARIA

PARTE A: DISPOSICIONES GENERALES DE HIGIENE APLICABLES A LA PRODUCCIÓN PRIMARIA Y A LAS OPERACIONES CONEXAS

I. ÁMBITO DE APLICACIÓN

1. El presente anexo será aplicable a la producción primaria y a las siguientes operaciones conexas:

   a) el transporte, el almacenamiento y la manipulación de productos primarios en el lugar de producción, siempre que no se altere su naturaleza de manera sustancial;

   b) el transporte de animales vivos, cuando sea necesario para conseguir los objetivos del presente Reglamento; y

   c) en el caso de productos de origen vegetal, productos de la pesa y animales de caza silvestre, las operaciones de transporte de productos primarios cuya naturaleza no se haya alterado de manera sustancial, desde el lugar de producción a un establecimiento.

II. DISPOSICIONES EN MATERIA DE HIGIENE

2. Los operadores de empresa alimentaria deberán asegurarse, en la medida de lo posible, de que los productos primarios estén protegidos contra cualquier foco de contaminación teniendo en cuenta cualquier tipo de transformación a que se sometan posteriormente los productos primarios.

3. Sin perjuicio de la norma general establecida en el apartado 2, los operadores de empresa alimentaria deberán cumplir las correspondientes disposiciones legislativas comunitarias y nacionales relativas al control de los peligros en la producción primaria, y operaciones conexas incluidas:

a) medidas de control de la contaminación procedente del aire, del suelo, del agua, de los piensos, de los fertilizantes, de los medicamentos veterinarios, de los productos fitosanitarios y biocidas, y del almacenamiento, tratamiento y eliminación de residuos, y

b) medidas zoosanitarias y relativas al bienestar animal así como medidas fitosanitarias que tengan repercusiones sobre la salud humana, incluidos los programas de vigilancia y control de zoonosis y de agentes zoonóticos.

4. Los operadores de empresa alimentaria que se dediquen a la cría, la recolección o la caza de animales o a la producción de productos primarios de origen animal deberán tomar, según corresponda, las medidas oportunas siguientes:

a) mantendrán limpias todas las instalaciones utilizadas en relación con la producción primaria y operaciones conexas, incluidas aquellas utilizadas para almacenar y manipular los alimentos para animales, y, en su caso, tras la limpieza, las desinfectarán de la manera adecuada;

b) mantendrán limpios, y cuando sea necesario, desinfectarán adecuadamente tras la limpieza el equipo, los contenedores, cajas, vehículos y embarcaciones;

c) garantizarán en la medida de lo posible la limpieza de los animales para sacrificio y, en su caso, de los animales de producción;

d) utilizarán agua potable o agua limpia cuando sea necesario para evitar la contaminación;

e) garantizarán que el personal que manipule productos alimenticios se halle en buen estado de salud y reciba formación sobre riesgos sanitarios;

f) evitarán en la medida de lo posible que los animales y las plagas provoquen contaminación;

g) almacenarán y manipularán los residuos y sustancias peligrosas de forma tal que se evite la contaminación;

h) impedirán la introducción y difusión de enfermedades contagiosas transmisibles al ser humano a través de los alimentos, incluso mediante la adopción de medidas preventivas al introducir nuevos animales y la comunicación a las autoridades competentes de las sospechas de focos de dichas enfermedades;

i) tendrán en cuenta los resultados de todos los análisis pertinentes efectuados en muestras tomadas de animales u otras muestras que tengan importancia para la salud humana; y

j) emplearán correctamente los aditivos para piensos y los medicamentos para animales, de conformidad con la legislación pertinente.

5. Los operadores de empresa alimentaria que produzcan o cosechen productos vegetales deberán adoptar las medidas adecuadas siguientes, según corresponda:

a) mantendrán limpios y, cuando sea necesario, tras la limpieza, desinfectarán adecuadamente las instalaciones, equipo, contenedores, cajas, vehículos y embarcaciones;

b) garantizarán, cuando sea necesario, unas condiciones higiénicas en la producción, el transporte y el almacenamiento de productos vegetales, así como la limpieza de los mismos;

c) utilizarán agua potable o agua limpia cuando sea necesario para evitar la contaminación;

d) garantizarán que el personal que manipule productos alimenticios se halle en buen estado de salud y reciba formación sobre riesgos sanitarios;

e) evitarán en la medida de lo posible que los animales y las plagas provoquen contaminación;

f) almacenarán y manipularán los residuos y sustancias peligrosas de forma tal que se evite la contaminación;

g) tendrán en cuenta los resultados de todos los análisis pertinentes efectuados en muestras tomadas de plantas u otras muestras que tengan importancia para la salud humana; y

h) utilizarán correctamente los productos fitosanitarios y los biocidas, tal como lo requiere la legislación pertinente.

6. Los operadores de empresa alimentaria a los que se informe de problemas detectados durante los controles oficiales deberán tomar las medidas oportunas para ponerles remedio.

III. REGISTRO

7. Los operadores de empresa alimentaria deberán llevar y conservar registros sobre las medidas aplicadas para controlar los peligros de manera adecuada y durante un período adecuado teniendo en cuenta la naturaleza y el tamaño de la empresa alimentaria. Previa petición, los operadores de empresa alimentaria pondrán la información relevante que conste en dichos registros a disposición de las autoridades competentes y de los operadores de empresa alimentaria de recepción.

8. Los operadores de empresa alimentaria que críen animales o que produzcan productos primarios de origen animal deberán, en particular, llevar registros sobre:

a) la naturaleza y el origen de los alimentos suministrados a los animales;

b) el detalle de los medicamentos veterinarios u otros tratamientos administrados a los animales, las fechas de su administración y los tiempos de espera;

c) la aparición de enfermedades que puedan afectar a la seguridad de los productos de origen animal;

d) los resultados de todos los análisis efectuados en muestras tomadas de animales y otras muestras tomadas con fines de diagnóstico, que tengan importancia para la salud humana; y

e) todos los informes pertinentes sobre los controles efectuados a animales o a productos de origen animal.

9. Los operadores de empresa alimentaria que produzcan o cosechen productos vegetales deberán, en particular, llevar registros sobre:

   a) la utilización de productos fitosanitarios y biocidas;

   b) la aparición de plagas o de enfermedades que puedan afectar a la seguridad de los productos de origen vegetal; y

   c) los resultados de todos los análisis pertinentes efectuados en muestras tomadas de plantas u otras muestras que tengan importancia para la salud humana.

10. Para la conservación de dichos registros, los operadores de empresa alimentaria podrán estar asistidos por otras personas, como veterinarios, agrónomos y técnicos agrarios.

PARTE B: RECOMENDACIONES PARA LAS GUÍAS DE PRÁCTICAS CORRECTAS DE HIGIENE

1. En las guías nacionales y comunitarias citadas en los artículos 7, 8 y 9 del presente Reglamento deberán figurar unas orientaciones sobre prácticas correctas de higiene para el control de los peligros en la producción primaria y operaciones conexas.

2. Las guías de prácticas correctas de higiene deberán incluir la oportuna información sobre los peligros que puedan presentarse en la producción primaria y operaciones conexas, así como las medidas para combatirlos, incluidas las medidas correspondientes establecidas en la legislación comunitaria y nacional y en los programas nacionales y comunitarios. Entre los ejemplos de estos peligros y medidas pueden incluirse:

   a) el control de la contaminación por agentes tales como las micotoxinas, los metales pesados y el material radiactivo;

   b) el uso de agua, residuos orgánicos y fertilizantes;

   c) el uso correcto y adecuado de productos fitosanitarios y biocidas, y su trazabilidad;

   d) el uso correcto y adecuado de medicamentos veterinarios y aditivos alimentarios y su trazabilidad;

   e) la preparación, el almacenamiento, la utilización y la trazabilidad de los piensos;

f) la eliminación limpia de los animales muertos, residuos y desperdicios;

g) medidas de protección para impedir la introducción de enfermedades contagiosas transmisibles al ser humano a través de los alimentos, y cualquier obligación de notificación al respecto a la autoridad competente;

h) los procedimientos, prácticas y métodos para garantizar que los alimentos son producidos, manipulados, envasados, almacenados y transportados en unas condiciones higiénicas adecuadas, que incluyen una limpieza y un control de plagas eficaces;

i) medidas relativas a la limpieza de los animales para sacrificio y producción;

j) medidas relativas al registro.

ANEXO II

REQUISITOS HIGIÉNICOS GENERALES APLICABLES A TODOS LOS OPERADORES DE EMPRESA ALIMENTARIA
(EXCEPTO SI ES DE APLICACIÓN EL ANEXO I)

INTRODUCCIÓN

Los capítulos V a XII se aplican a todas las fases de la producción, transformación y distribución de alimentos y los restantes capítulos se aplican como se indica a continuación:

- el capítulo I se aplica a todos los locales destinados a los productos alimenticios, excepto a aquellos a los que sea de aplicación el capítulo III;

- el capítulo II se aplica a todas las instalaciones en las que se preparen, traten o transformen productos alimenticios, excepto los comedores y los locales a los que sea de aplicación el capítulo III;

- el capítulo III se aplica a las instalaciones mencionadas en el título de ese capítulo;

- el capítulo IV se aplica a todos los medios de transporte.

CAPÍTULO I

REQUISITOS GENERALES DE LOS LOCALES DESTINADOS
A LOS PRODUCTOS ALIMENTICIOS
(QUE NO SEAN LOS MENCIONADOS EN EL CAPÍTULO III)

1. Los locales destinados a los productos alimenticios deberán conservarse limpios y en buen estado de mantenimiento.

2. La disposición, el diseño, la construcción, el emplazamiento y el tamaño de los locales destinados a los productos alimenticios:

a) permitirán un mantenimiento, limpieza y/o desinfección adecuados, evitarán o reducirán al mínimo la contaminación transmitida por el aire y dispondrán de un espacio de trabajo suficiente que permita una realización higiénica de todas las operaciones;

b) evitarán la acumulación de suciedad, el contacto con materiales tóxicos, el depósito de partículas en los productos alimenticios y la formación de condensación o moho indeseable en las superficies;

c) permitirán unas prácticas de higiene alimentaria correctas, incluida la protección contra la contaminación, y en particular el control de las plagas; y

d) cuando sea necesario, ofrecerán unas condiciones adecuadas de manipulación y almacenamiento a temperatura controlada y capacidad suficiente para poder mantener los productos alimenticios a una temperatura apropiada que se pueda comprobar y, si es preciso, registrar.

3. Deberá haber un número suficiente de inodoros de cisterna conectados a una red de evacuación eficaz. Los inodoros no deberán comunicar directamente con las salas en las que se manipulen los productos alimenticios.

4. Deberá haber un número suficiente de lavabos, situados convenientemente y destinados a la limpieza de las manos. Los lavabos para la limpieza de las manos deberán disponer de agua corriente caliente y fría, así como de material de limpieza y secado higiénico de aquellas. En caso necesario, las instalaciones destinadas al lavado de los productos alimenticios deberán estar separadas de las destinadas a lavarse las manos.

5. Deberá disponerse de medios adecuados y suficientes de ventilación mecánica o natural. Deberán evitarse las corrientes de aire mecánicas desde zonas contaminadas a zonas limpias. Los sistemas de ventilación deberán estar construidos de tal modo que pueda accederse fácilmente a los filtros y a otras partes que haya que limpiar o sustituir.

6. Todos los sanitarios deberán disponer de suficiente ventilación natural o mecánica.

7. Los locales destinados a los productos alimenticios deberán disponer de suficiente luz natural o artificial.

8. Las redes de evacuación de aguas residuales deberán ser suficientes para cumplir los objetivos pretendidos y estar concebidas y construidas de modo que se evite todo riesgo de contaminación. Cuando los canales de desagüe estén total o parcialmente abiertos, deberán estar diseñados de tal modo que se garantice que los residuos no van de una zona contaminada a otra limpia, en particular, a una zona en la que se manipulen productos alimenticios que puedan representar un alto riesgo para el consumidor final.

9. Cuando sea necesario, el personal deberá disponer de vestuarios adecuados.

10. Los productos de limpieza y desinfección no deberán almacenarse en las zonas en las que se manipulen productos alimenticios.

CAPÍTULO II

REQUISITOS ESPECÍFICOS DE LAS SALAS DONDE SE PREPARAN, TRATAN O TRANSFORMAN LOS PRODUCTOS ALIMENTICIOS (EXCLUIDOS LOS COMEDORES Y LOS LOCALES MENCIONADOS EN EL CAPÍTULO III)

1. El diseño y disposición de las salas en las que se preparen, traten o transformen los productos alimenticios (excluidos los comedores y aquellos locales que se detallan en el título del capítulo III, pero incluidos los espacios contenidos en los medios de transporte) deberán permitir unas prácticas correctas de higiene alimentaria, incluida la protección contra la contaminación entre y durante las operaciones. En particular:

   a) las superficies de los suelos deberán mantenerse en buen estado y ser fáciles de limpiar y, en caso necesario, de desinfectar, lo que requerirá el uso de materiales impermeables, no absorbentes, lavables y no tóxicos, a menos que los operadores de empresa alimentaria puedan convencer a la autoridad competente de la idoneidad de otros materiales utilizados. En su caso, los suelos deberán permitir un desagüe suficiente;

   b) las superficies de las paredes deberán conservarse en buen estado y ser fáciles de limpiar y, en caso necesario, de desinfectar, lo que requerirá el uso de materiales impermeables, no absorbentes, lavables y no tóxicos; su superficie deberá ser lisa hasta una altura adecuada para las operaciones que deban realizarse, a menos que los operadores de empresa alimentaria puedan convencer a la autoridad competente de la idoneidad de otros materiales utilizados;

   c) los techos (o, cuando no hubiera techos, la superficie interior del tejado), falsos techos y demás instalaciones suspendidas deberán estar construidos y trabajados de forma que impidan la acumulación de suciedad y reduzcan la condensación, la formación de moho no deseable y el desprendimiento de partículas;

d) las ventanas y demás huecos practicables deberán estar construidos de forma que impidan la acumulación de suciedad, y los que puedan comunicar con el exterior deberán estar provistos, en caso necesario, de pantallas contra insectos que puedan desmontarse con facilidad para la limpieza. Cuando debido a la apertura de las ventanas pudiera producirse contaminación, éstas deberán permanecer cerradas con falleba durante la producción;

e) las puertas deberán ser fáciles de limpiar y, en caso necesario, de desinfectar, lo que requerirá que sus superficies sean lisas y no absorbentes, a menos que los operadores de empresa alimentaria puedan convencer a las autoridades competentes de la idoneidad de otros materiales utilizados; y

f) las superficies (incluidas las del equipo) de las zonas en que se manipulen los productos alimenticios, y en particular las que estén en contacto con éstos, deberán mantenerse en buen estado, ser fáciles de limpiar y, en caso necesario, de desinfectar, lo que requerirá que estén construidas con materiales lisos, lavables, resistentes a la corrosión y no tóxicos, a menos que los operadores de empresa alimentaria puedan convencer a las autoridades competentes de la idoneidad de otros materiales utilizados.

2. Se dispondrá, en caso necesario, de instalaciones adecuadas para la limpieza, desinfección y almacenamiento del equipo y los utensilios de trabajo. Dichas instalaciones deberán estar construidas con materiales resistentes a la corrosión, ser fáciles de limpiar y tener un suministro suficiente de agua caliente y fría.

3. Se tomarán las medidas adecuadas, cuando sea necesario, para el lavado de los productos alimenticios. Todos los fregaderos o instalaciones similares destinadas al lavado de los productos alimenticios deberán tener un suministro suficiente de agua potable caliente, fría o ambas, en consonancia con los requisitos del capítulo VII, y deberán mantenerse limpios y, en caso necesario, desinfectados.

CAPÍTULO III

REQUISITOS DE LOS LOCALES AMBULANTES O PROVISIONALES (COMO CARPAS, TENDERETES Y VEHÍCULOS DE VENTA AMBULANTE), LOS LOCALES UTILIZADOS PRINCIPALMENTE COMO VIVIENDA PRIVADA PERO DONDE REGULARMENTE SE PREPARAN PRODUCTOS ALIMENTICIOS PARA SU PUESTA EN EL MERCADO, Y LAS MÁQUINAS EXPENDEDORAS

1. Los locales y las máquinas expendedoras deberán, en la medida de lo posible, mantenerse limpios y en buen estado y estar situados, diseñados y construidos de forma que impidan el riesgo de contaminación, en particular por parte de animales y organismos nocivos.

2. En particular, cuando sea necesario:

   a) deberá disponerse de instalaciones adecuadas para mantener una correcta higiene personal (incluidas instalaciones para la limpieza y secado higiénico de las manos, instalaciones sanitarias higiénicas y vestuarios);

   b) las superficies que estén en contacto con los productos alimenticios deberán estar en buen estado y ser fáciles de limpiar y, en caso necesario, de desinfectar, lo que requerirá que los materiales sean lisos, lavables, resistentes a la corrosión y no tóxicos, a menos que los operadores de empresa alimentaria puedan convencer a las autoridades competentes de la idoneidad de otros materiales utilizados;

   c) deberá contarse con material adecuado para la limpieza y, cuando sea necesario, la desinfección del equipo y los utensilios de trabajo;

d) cuando la limpieza de los productos alimenticios forme parte de la actividad de las empresas alimentarias, deberán adoptarse las disposiciones precisas para que este cometido se realice higiénicamente;

e) deberá contarse con un suministro suficiente de agua potable caliente, fría o ambas;

f) deberá contarse con medios o instalaciones adecuados para el almacenamiento y la eliminación higiénicos de sustancias y desechos peligrosos y/o no comestibles, ya sean líquidos o sólidos;

g) deberá contarse con instalaciones o medios adecuados para el mantenimiento y el control de las condiciones adecuadas de temperatura de los productos alimenticios;

h) los productos alimenticios deberán colocarse de modo tal que se evite el riesgo de contaminación en la medida de lo posible.

CAPITULO IV

TRANSPORTE

1. Los receptáculos de vehículos o contenedores utilizados para transportar los productos alimenticios deberán mantenerse limpios y en buen estado a fin de proteger los productos alimenticios de la contaminación y deberán diseñarse y construirse, en caso necesario, de forma que permitan una limpieza o desinfección adecuadas.

2. Los receptáculos de vehículos o contenedores no deberán utilizarse para transportar más que productos alimenticios cuando éstos puedan ser contaminados por otro tipo de carga.

3. Cuando se usen vehículos o contenedores para el transporte de cualquier otra cosa además de productos alimenticios, o para el transporte de distintos tipos de productos alimenticios a la vez, deberá existir, en caso necesario, una separación efectiva de los productos.

4. Los productos alimenticios a granel en estado líquido, granulado o en polvo deberán transportarse en receptáculos, contenedores o cisternas reservados para su transporte. En los contenedores figurará una indicación, claramente visible e indeleble, y en una o varias lenguas comunitarias, sobre su utilización para el transporte de productos alimenticios, o bien la indicación «exclusivamente para productos alimenticios».

5. Cuando se hayan utilizado receptáculos de vehículos o contenedores para el transporte de otros productos que no sean productos alimenticios o para el transporte de productos alimenticios distintos, deberá realizarse una limpieza eficaz entre las cargas para evitar el riesgo de contaminación.

6. Los productos alimenticios cargados en receptáculos de vehículos o en contenedores deberán colocarse y protegerse de forma que se reduzca al mínimo el riesgo de contaminación.

7. Cuando sea necesario, los receptáculos de vehículos o contenedores utilizados para el transporte de productos alimenticios deberán ser capaces de mantener los productos alimenticios a la temperatura adecuada y de forma que se pueda controlar dicha temperatura.

CAPÍTULO V

REQUISITOS DEL EQUIPO

1. Todos los artículos, instalaciones y equipos que estén en contacto con los productos alimenticios:

   a) deberán limpiarse perfectamente y, en caso necesario, desinfectarse. La limpieza y desinfección se realizarán con la frecuencia necesaria para evitar cualquier riesgo de contaminación;

   b) su construcción, composición y estado de conservación y mantenimiento deberán reducir al mínimo el riesgo de contaminación;

   c) a excepción de los recipientes y envases no recuperables, su construcción, composición y estado de conservación y mantenimiento deberán permitir que se limpien perfectamente y, en caso necesario, se desinfecten; y

   d) su instalación permitirá la limpieza adecuada del equipo y de la zona circundante.

2. Si fuese necesario, los equipos deberán estar provistos de todos los dispositivos de control adecuados para garantizar el cumplimiento de los objetivos del presente Reglamento.

3. Si para impedir la corrosión de los equipos y recipientes fuese necesario utilizar aditivos químicos, ello deberá hacerse conforme a las prácticas correctas.

CAPÍTULO VI

DESPERDICIOS DE PRODUCTOS ALIMENTICIOS

1. Los desperdicios de productos alimenticios, los subproductos no comestibles y los residuos de otro tipo deberán retirarse con la mayor rapidez posible de las salas en las que estén depositados alimentos para evitar su acumulación.

2. Los desperdicios de productos alimenticios, los subproductos no comestibles y los residuos de otro tipo deberán depositarse en contenedores provistos de cierre, a menos que los operadores de empresa alimentaria puedan convencer a las autoridades competentes de la idoneidad de otros contenedores o sistemas de evacuación. Dichos contenedores deberán presentar unas características de construcción adecuadas, estar en buen estado y ser de fácil limpieza y, en caso necesario, de fácil desinfección.

3. Deberán tomarse medidas adecuadas para el almacenamiento y la eliminación de los desperdicios de productos alimenticios, subproductos no comestibles y otros deshechos. Los depósitos de desperdicios deberán diseñarse y tratarse de forma que puedan mantenerse limpios y, en su caso, libre de animales y organismos nocivos.

4. Todos los residuos deberán eliminarse higiénicamente y sin perjudicar al medio ambiente con arreglo a la normativa comunitaria aplicable a tal efecto, y no deberán constituir una fuente de contaminación directa o indirecta.

CAPÍTULO VII

SUMINISTRO DE AGUA

1. a) Deberá contarse con un suministro adecuado de agua potable, que se utilizará siempre que sea necesario para evitar la contaminación de los productos alimenticios.

b) Podrá utilizarse agua limpia para los productos de la pesca enteros, y agua de mar limpia para los moluscos bivalvos, los equinodermos, los tunicados y los gasterópodos marinos vivos. También podrá utilizarse agua limpia para el lavado externo. Cuando se utilice este tipo de agua, deberá disponerse de las instalaciones adecuadas para su suministro.

2. Cuando se utilice agua no potable, por ejemplo, para la prevención de incendios, la producción de vapor, la refrigeración y otros usos semejantes, deberá circular por una canalización independiente debidamente señalizada. El agua no potable no deberá contener ninguna conexión con la red de distribución de agua potable ni habrá posibilidad alguna de reflujo hacia ésta.

3. El agua reciclada que se utilice en el proceso de transformación o como ingrediente no deberá representar riesgos de contaminación. Deberá ser de una calidad idéntica a la del agua potable, a menos que la autoridad competente haya determinado que la calidad del agua no puede afectar a la salubridad de los productos alimenticios en su forma acabada.

4. El hielo que vaya a estar en contacto con los productos alimenticios o que pueda contaminarlos deberá hacerse con agua potable o, en caso de que se utilice para refrigerar productos de la pesca enteros, con agua limpia. Deberá elaborarse, manipularse y almacenarse en condiciones que lo protejan de toda contaminación.

5. El vapor utilizado en contacto directo con los productos alimenticios no deberá contener ninguna sustancia que entrañe peligro para la salud o pueda contaminar el producto.

6. Cuando se aplique el tratamiento térmico a productos alimenticios que estén en recipientes herméticamente cerrados, deberá velarse por que el agua utilizada para enfriar éstos después del tratamiento térmico no sea una fuente de contaminación de los productos alimenticios.

CAPÍTULO VIII

HIGIENE DEL PERSONAL

1. Todas las personas que trabajen en una zona de manipulación de productos alimenticios deberán mantener un elevado grado de limpieza y deberán llevar una vestimenta adecuada, limpia y, en su caso, protectora.

2. Las personas que padezcan o sean portadoras de una enfermedad que pueda transmitirse a través de los productos alimenticios, o estén aquejadas, por ejemplo, de heridas infectadas, infecciones cutáneas, llagas o diarrea, no deberán estar autorizadas a manipular los productos alimenticios ni a entrar bajo ningún concepto en zonas de manipulación de productos alimenticios cuando exista riesgo de contaminación directa o indirecta. Toda persona que se halle en tales circunstancias, que esté empleada en una empresa del sector alimentario y que pueda estar en contacto con productos alimenticios deberá poner inmediatamente en conocimiento del operador de empresa alimentaria la enfermedad que padece o los síntomas que presenta y si es posible, también sus causas.

CAPÍTULO IX

DISPOSICIONES APLICABLES A LOS PRODUCTOS ALIMENTICIOS

1. Ningún operador de empresa alimentaria deberá aceptar materias primas o ingredientes distintos de animales vivos, ni ningún otro material que intervenga en la transformación de los productos, si se sabe que están tan contaminados con parásitos, microorganismos patógenos o sustancias tóxicas, en descomposición o extrañas, o cabe prever razonablemente que lo estén, que, incluso después de que el operador de empresa alimentaria haya aplicado higiénicamente los procedimientos normales de clasificación, preparación o transformación, el producto final no sería apto para el consumo humano.

2. Las materias primas y todos los ingredientes almacenados en una empresa del sector alimentario deberán conservarse en condiciones adecuadas que permitan evitar su deterioro nocivo y protegerlos de la contaminación.

3. En todas las etapas de producción, transformación y distribución, los productos alimenticios deberán estar protegidos contra cualquier foco de contaminación que pueda hacerlos no aptos para el consumo humano o nocivos para la salud, o contaminarlos de manera que pueda considerarse razonablemente desaconsejable su consumo en ese estado.

4. Deberán aplicarse procedimientos adecuados de lucha contra las plagas. Deberán aplicarse asimismo procedimientos adecuados para evitar que los animales domésticos puedan acceder a los lugares en que se preparan, manipulan o almacenan productos alimenticios (o, cuando la autoridad competente lo autorice en casos específicos, para evitar que dicho acceso dé lugar a contaminación).

5. Las materias primas, ingredientes, productos semiacabados y productos acabados que puedan contribuir a la multiplicación de microorganismos patógenos o a la formación de toxinas no deberán conservarse a temperaturas que puedan dar lugar a riesgos para la salud. No deberá interrumpirse la cadena de frío. No obstante, se permitirán períodos limitados no sometidos al control de temperatura por necesidades prácticas de manipulación durante la preparación, transporte, almacenamiento, presentación y entrega de los productos alimenticios, siempre que ello no suponga un riesgo para la salud. Las empresas del sector alimentario que elaboren, manipulen y envasen productos alimenticios transformados deberán disponer de salas adecuadas con suficiente capacidad para almacenar las materias primas separadas de los productos transformados y de una capacidad suficiente de almacenamiento refrigerado separado.

6. Cuando los productos alimenticios deban conservarse o servirse a bajas temperaturas, deberán refrigerarse cuanto antes, una vez concluida la fase del tratamiento térmico, o la fase final de la preparación en caso de que éste no se aplique, a una temperatura que no dé lugar a riesgos para la salud.

7. La descongelación de los productos alimenticios deberá realizarse de tal modo que se reduzca al mínimo el riesgo de multiplicación de microorganismos patógenos o la formación de toxinas. Durante la descongelación, los productos alimenticios deberán estar sometidos a temperaturas que no supongan un riesgo para la salud. Cuando el líquido resultante de este proceso pueda presentar un riesgo para la salud deberá drenarse adecuadamente . Una vez descongelados, los productos alimenticios se manipularán de tal modo que se reduzca al mínimo el riesgo de multiplicación de microorganismos patógenos o la formación de toxinas.

8. Las sustancias peligrosas o no comestibles, incluidos los piensos, deberán llevar su pertinente etiqueta y se almacenarán en recipientes separados y bien cerrados.

CAPÍTULO X

REQUISITOS DE ENVASADO Y EMBALAJE DE LOS PRODUCTOS ALIMENTICIOS

1. Los materiales utilizados para el envasado y el embalaje no deberán ser una fuente de contaminación.

2. Los envases deberán almacenarse de modo que no estén expuestos a ningún riesgo de contaminación.

3. Las operaciones de envasado y embalaje deberán realizarse de forma que se evite la contaminación de los productos. En su caso, y en particular tratándose de latas y tarros de vidrio, deberá garantizarse la integridad de la construcción del recipiente y su limpieza.

4. Los envases y embalajes que vuelvan a utilizarse para productos alimenticios deberán ser fáciles de limpiar y, en caso necesario, de desinfectar.

CAPÍTULO XI

TRATAMIENTO TÉRMICO

Los siguientes requisitos únicamente serán de aplicación a los alimentos comercializados en recipientes herméticamente cerrados.

1. Cualquier proceso de tratamiento térmico utilizado para la transformación de productos sin transformar o para seguir transformando productos transformados deberá:

   a) mantener todas las partes del producto tratado a una temperatura determinada durante un periodo de tiempo determinado; y

   b) evitar la contaminación del producto durante el proceso.

2. Para garantizar que el proceso empleado consiga los objetivos deseados, los operadores de empresa alimentaria deberán controlar regularmente los principales parámetros pertinentes (en particular, la temperatura, la presión, el cierre y la microbiología), lo que podrá hacerse mediante el uso de dispositivos automáticos.

3. El proceso utilizado debería cumplir unas normas reconocidas internacionalmente (por ejemplo, la pasteurización, la temperatura ultra alta o la esterilización).

CAPÍTULO XII

FORMACIÓN

Los operadores de empresa alimentaria deberán garantizar:

1. la supervisión y la instrucción o formación de los manipuladores de productos alimenticios en cuestiones de higiene alimentaria, de acuerdo con su actividad laboral;

2. que quienes tengan a su cargo el desarrollo y mantenimiento del procedimiento mencionado en el apartado 1 del artículo 5 del presente Reglamento o la aplicación de las guías pertinentes hayan recibido una formación adecuada en lo tocante a la aplicación de los principios del APPCC; y

3. el cumplimiento de todos los requisitos de la legislación nacional relativa a los programas de formación para los trabajadores de determinados sectores alimentarios.

hostelería y turismo

MF0259_2: Ofertas gastronómicas sencillas y sistemas de aprovisionamiento

soluciones

MF0259_2: Ofertas gastronómicas sencillas y sistemas de aprovisionamiento

UD1	UD2	UD3	UD4	UD5
1.b	1.a	1.c	1.b	1.b
2.c	2.a	2.b	2.b	2.a
3.a	3.a	3.a	3.d	3.b
4.b	4.a	4.a	4.b	4.c
5.c	5.b	5.a	5.b	5.c
6.b	6.b	6.a	6.b	6.c
7.c	7.c	7.a	7.b	7.b
8.d	8.b	8.b	8.a	8.d
9.a	9.b	9.a	9.c	9.b
10.c	10.c	10.c	10.d	10.a

UD6	UD7	UD8	UD9	UD10
1.b	1.d	1.c	1.b	1.a
2.c	2.c	2.a	2.a	2.d
3.c	3.c	3.c	3.d	3.d
4.a	4.c	4.b	4.a	4.c
5.b	5.b	5.b	5.d	5.b
6.b	6.a	6.d	6.d	6.c
7.d	7.d	7.a	7.a	7.d
8.a	8.d	8.a	8.d	8.b
9.c	9.c	9.d	9.b	9.b
10.c	10.a	10.c	10.d	10.b

hostelería y turismo

MF0259_2: Ofertas gastronómicas sencillas y sistemas de aprovisionamiento

9000001829212